Orbis

Hans J.
Eysenck

Ihre Intelligenz auf dem Prüfstand

Mit Tests für Superintelligente

Deutsche Erstveröffentlichung

Orbis Verlag

Titel der englischen Originalausgabe: »Check Your Own I.Q.«

Die englische Originalausgabe erschien by Penguin Books Ltd.,
Harmondsworth, Middlesex, England

Vom Autor genehmigte deutsche Einrichtung durch Anita Otto

Sonderausgabe 1991
Orbis Verlag für Publizistik GmbH, München
Druck: Mohndruck Graphische Betriebe GmbH, Gütersloh
ISBN 3-572-06499-6

Inhalt

Einleitung

»Know Your Own I.Q.«, das 1962 veröffentlicht wurde*, sollte eine ganze Weile den ersten Platz auf der englischen Bestsellerliste einnehmen, und das bestätigte offensichtlich die Annahme, die man bei der Vorbereitung des Buches hatte, daß nämlich die meisten Leute an der Intelligenzmessung interessiert sind, daß sie gerne mehr darüber wissen würden und gerne unter echten Testbedingungen sehen würden, was ein »Intelligenztest« nun wirklich ist. Viele Leute mögen sich beklagen, daß Intelligenztests uns Tag und Nacht verfolgen; doch es gibt sie nun einmal, und wahrscheinlich wird man mehr Nutzen aus ihnen ziehen können, wenn ein breiteres Publikum versteht, was Intelligenztests leisten können und was nicht, als wenn man sie als Werkzeuge des Teufels oder als unangreifbare Instrumente der Wissenschaft betrachtet.

Die Einleitung zu »Know Your Own I.Q.« erörtert ziemlich detailliert das Wesen von Intelligenztests, aber die große Zahl von Briefen, die nach der Veröffentlichung dieses Buches eingegangen sind, zeigt, daß viele Fragen offen blieben. Die Einleitung zu diesem neuen Buch scheint mir eine ausgezeichnete Stelle zu sein, um einige dieser Fragen zu beantworten. Der Hauptteil des Buches besteht natürlich aus Tests. Viele dieser Tests ähneln denen aus »Know Your Own I.Q.«, aber einige sind ziemlich anders. Bevor wir uns den Fragen zuwenden, ist jedoch eine kurze Erklärung angebracht, warum einige zusätzliche Tests in dieses neue Buch hineingenommen worden sind.

Die acht Tests in »Know Your Own I.Q.« waren alle Omnibus-Tests, wie man sie manchmal nennt. Mit anderen Worten, sie waren Meßinstrumente der allgemeinen Intelligenz, die, ohne Unterschied in der Gewichtung, Zahlen-, Bild- und sprachliches Material sowie viele verschiedene Arten der Fragestellung benutzten. Auf diesem Wege hofft man, spezifische Fähigkeiten und Schwächen herauszukristallisieren. So wird jemand, der gut im Lösen von Aufgaben mit Wörtern, aber schlecht im Lösen von Aufgaben mit Zahlen ist, beides gleichmäßig vertreten finden und deshalb weder benachteiligt noch begünstigt sein. Die ersten fünf Tests dieses Buches sind im Typ gleich und vermitteln einen Ge-

* Deutsche Ausgabe: »Intelligenztest«, 3. Aufl., Reinbek bei Hamburg 1976.

samteindruck vom IQ (Intelligenzquotient) des Lesers, wenn die angegebenen Anweisungen genau befolgt werden.

Der Leser wird jedoch etwas mehr über seine spezifischen Fähigkeiten und Schwächen wissen wollen. Zu diesem Zweck haben wir drei voneinander getrennte Tests angeschlossen, die sich mit drei speziellen Fähigkeiten befassen, den sprachlichen Fähigkeiten, dem zahlenlogischen Verständnis und dem räumlich-visuellen Vorstellungsvermögen. Und während man erwarten kann, daß ein Omnibus-Test bei derselben Person zu ganz ähnlichen Ergebnissen führt wie ein anderer Omnibus-Test, so liegt es auf der Hand, daß dieselbe Person bei dem einen dieser drei speziellen Tests gut, bei dem anderen schlecht und bei dem dritten durchschnittlich abschneiden kann. Es gibt natürlich viel mehr spezielle Stärken und Schwächen, als man mit Hilfe dreier Tests messen kann, aber dies sind wahrscheinlich die wichtigsten und weitestgehend anerkannten. Diese drei speziellen Tests wurden noch hinzugefügt, um das Buch interessanter zu machen und dem Leser mehr Informationen über seine geistigen Fähigkeiten zu geben, als er von einem einfachen IQ (Intelligenzquotient) erhalten kann. Der IQ ist nur ein reines Durchschnittsmaß; es ist jedoch oft wichtiger, einzelne Meßwerte für die Fähigkeiten zu erhalten, die für die Durchschnittsberechnung relevant sind, als zu wissen, wie hoch der Durchschnittswert selbst ist.

Wir haben auch Denksport-Aufgaben für Superintelligente hinzugefügt. Sie entstanden, weil viele Leser uns in ihren Briefen schrieben, daß die Art von Aufgaben, die ein gewöhnlicher Intelligenztest enthält, bestimmt viel zu leicht wären, um ein genauer Maßstab für ihre eigene brillante und umfassende Intelligenz zu sein; ob denn nicht schwierigere und kompliziertere Fragen angebrachter wären. Nun gut, hier sind schwierigere Aufgaben, mit denen sie viele Abende lang voll beschäftigt sein werden. Leider ergeben diese Aufgaben keine genaueren Resultate, weil sie sich nicht besonders gut zur Berechnung eines IQ's eignen und auch nicht eignen können. Diese Aufgaben dienen nur dem Vergnügen, die richtige Lösung zu finden. Es wäre irreführend, wenn man die Punktzahl daraus in IQ's übertragen würde. Die Gründe, warum das so ist, führen wir noch an.

Wenden wir uns nun einigen der Fragen zu, die gestellt wurden. Die erste und häufigste Frage beschäftigte sich mit dem Problem der Alternativantworten. Voller Ärger oder Sorge, Zorn oder Mitleid wiesen viele Leser darauf hin, daß sie bei vielen Aufgaben Alternativantworten gefunden haben. Einige Leser versuchten, die theoretischen Prinzipien zu erläutern, auf deren Basis eine Wahl zwischen verschiedenen Antworten getroffen werden könnte; andere erklärten das Ganze für einen Schwindel und eine Täuschung.

Es ist seltsam genug, daß über dieses Problem so wenig wissenschaftlich gearbeitet worden ist, obwohl es uns doch immerzu, seit die ersten Intelligenztests entwickelt wurden, beschäftigt hat. Vielleicht hilft es uns, wenn wir erst einmal fragen, wann genau Alternativantworten auftreten. Wir können IQ-Aufgaben hauptsächlich auf zwei Arten stellen. Die eine besteht darin, nicht nur die Aufgabe zu stellen, sondern auch gleichzeitig einige Antwortmöglichkeiten anzubieten. Wird es so gemacht, kann man leicht sicherstellen, daß alle Alternativen, mit Ausnahme der richtigen, bestimmt falsch sind. Sogar hier werden bestimmte Prämissen gemacht, die allerdings häufig nicht angegeben werden, aber allen einsichtig sind. Eine der Prämissen, die in der Tat sehr wichtig ist, besagt, daß alle Informationen, die in der Aufgabe gegeben werden, verwendet werden sollen und daß eine Lösung, die das tut, besser ist als eine andere Lösung, die nur von einem Teil der Information Gebrauch macht. Jedoch gibt es niemals wirkliche Schwierigkeiten bei derartigen Aufgaben, es sei denn derjenige, der den Test konstruiert, arbeitet nicht sorgfältig genug oder der Auswerter läßt einen Fehler unbemerkt durchgehen.

Es gibt jedoch einen anderen Aufgabentyp, bei dem der Testperson nicht eine richtige und mehrere zweifelsohne falsche Lösungen vorgegeben sind, sondern bei dem die Testperson sich die Lösung selbständig ausdenken muß. Hier gibt es verschiedene Stufen, bis hin zu einem Aufgabentyp, bei dem es nicht einfach eine richtige Lösung, sondern eine sehr große Zahl richtiger Lösungen gibt und bei dem sich die Intelligenz der Testperson an der Zahl der richtigen Antworten zeigt, die sie in einer begrenzten Zeit liefert. Nehmen wir einmal eine Aufgabe, bei der sich die Testperson die Lösung selbst ausdenken muß, und sehen wir, welche Prinzipien wir entdecken können. Hier ist die Aufgabe:

Ein Zwerg lebt im zwanzigsten Stock eines Wolkenkratzers. Jeden Morgen betritt er den Lift, drückt den richtigen Knopf und wird zum Erdgeschoß befördert; er geht zur Arbeit und kommt abends zurück. Er betritt den Lift, drückt den Knopf und fährt in den zehnten Stock hinauf; dann geht er die restlichen Stufen zu Fuß. Die Frage ist: Warum fährt er nicht mit dem Lift in den zwanzigsten Stock hinauf?

Sie sollten selbst versuchen, diese Frage zu beantworten, und Sie sollten sie auch anderen Leuten stellen. Einige der häufigeren Antworten, die Sie bekommen werden, sind:

»Er tut es zur Übung«; oder
»Weil er abnehmen will«; oder
»Er besucht einen Freund im zehnten Stock«.
(»Geliebte« steht manchmal anstelle von »Freund« bei extrovertierten Personen.)

Nun, diese und viele andere Gründe sind gut möglich; warum sind sie aber falsch, und warum lautet die richtige Lösung, daß er nicht höher als bis zum zehnten Knopf reichen kann? Die Antwort ist natürlich ganz einfach die, daß die falschen Antworten nicht alle Elemente der Aufgabe berücksichtigen; sie würden auf einen Riesen genauso gut wie auf einen Zwerg passen. Ganz offensichtlich muß die Lösung die Tatsache einschließen, daß der Mann im Lift ein Zwerg ist – warum sollte es denn sonst überhaupt erwähnt werden. Dies ist natürlich keine sehr gute Aufgabe für einen Intelligenztest, aber man kann verstehen, warum von vielen Lösungen, die mehr oder weniger richtig sind (weil sie einige der Elemente der Aufgabe berücksichtigen), eine und nur eine Lösung tatsächlich als richtig gezählt wird. In diesem Fall ist es ganz offensichtlich, welche der Alternativen die richtige Lösung ist, in anderen Fällen aber würde wohl mancher gerne über diesen Punkt streiten.

Wir wollen jetzt eine andere Aufgabe untersuchen, diesmal eine von der Art »Was paßt nicht dazu?«. Man gibt Ihnen fünf Städte und verlangt von Ihnen, diejenige Stadt herauszufinden, die nicht zu den anderen paßt. Die Städte sind Panama, London, Duluth, Cambridge und Edsele. Nun könnte jeder dieser Orte mehrfach, aus einer Vielfalt von Gründen, für diejenige Stadt gehalten werden, die nicht dazupaßt. Edsele ist die einzige Stadt, die östlich von Greenwich liegt, während Panama die einzige Stadt ist, bei der Vokale mit Konsonanten abwechseln. Cambridge ist der Name beider Städte diesseits und jenseits des Atlantiks, die weltberühmte Universitäten haben. Duluth ist die einzige Stadt, die mit -th endet. So könnte man immer weitermachen und diejenige Stadt herausnehmen, die am weitesten nördlich oder am weitesten südlich oder westlich liegt oder entweder die größte oder die kleinste Einwohnerzahl hat. Es gibt also, wie man sieht, viele Möglichkeiten, warum eine Stadt aus den anderen herausragt und als nicht dazugehörig angesehen werden kann. Und doch wird die richtige Lösung für die meisten Leute ganz augenfällig gewesen sein; es ist natürlich Cambridge, weil all die anderen Städte einen einzigen Vokal haben, der mehrmals in ihrem Namen wiederholt wird, wohingegen Cambridge drei verschiedene Vokale hat.

Warum ist diese Lösung »besser« als jede der anderen? Zu sagen, daß der Grund hierfür intuitiv klar ist, würde wahrscheinlich der Wahrheit entsprechen, bringt uns aber nicht sehr weit. Um es in Worte zu kleiden, könnte man etwa folgendes sagen:

Es ist Ihnen eine Aufgabe gestellt worden. Und diese Aufgabe muß die ganze zur Lösung erforderliche Information enthalten, und derjenige, der sie erarbeitet hat, muß klar und sorgfältig die fünf beteiligten Wörter ausgewählt haben, damit sie gemeinsam zu einer einzig richtigen Antwort führen. Nun wird bei jeder Zusammenstellung von fünf Städten eine die größte, eine die kleinste, eine die am weitesten nördlich, eine die am weitesten südlich gelegene Stadt sein, eine diejenige Stadt mit den meisten und eine diejenige mit den wenigsten Briefen sein; dies alles führt aber nicht zu der einzig richtigen Lösung, weil es auf jede ganz zufällige Auswahl von Städten zutreffen würde. Aber es liegt etwas deutlich Einzigartiges und nicht Zufälliges in der Tatsache, daß bei vier der fünf Städtenamen in jedem Namen für sich alle Vokale gleich sind; dies würde nicht einmal in tausend Fällen zufällig eintreffen und muß deshalb beabsichtigt sein. Es folgt daraus, daß die weiter oben als richtig angegebene Antwort aus allen anderen Antworten heraussticht, weil sie von einem Informationsdetail im Test Gebrauch macht, das von allen anderen Alternativantworten überhaupt nicht benützt wird.

Ein Punkt ist in diesem Zusammenhang interessant, und zwar daß sehr intelligente Leute oft erkennen, wie die erforderliche Antwort lautet (was für sie von Anfang an ganz klar ist), sie aber trotzdem weiter nach einer Alternative suchen, um den Aufgabensteller damit zu verwirren. Mit anderen Worten, sie betrachten das Lösen eines Intelligenztests als eine Art geistigen Gladiatorenkampf, bei dem sie mit einem Punkt im Vorteil liegen, wenn sie eine echte Alternative finden, die vom Aufgabensteller übersehen wurde. (Diese Haltung scheint glücklicherweise zu verschwinden, wenn etwas Wichtiges auf dem Spiel steht; dann scheinen sogar die allerintelligentesten Leute mit den banalen »richtigen« Antworten, nach denen durch die Aufgabenstellung so deutlich gefragt wird, zufrieden zu sein.)

Es gibt andere Hinweise darauf, was die »richtige Lösung« ist, die aber, wenn man nur eine einzelne Aufgabe betrachtet, keine Klarheit schaffen. Zum Beispiel wird in vielen Intelligenztests sehr bald eine bestimmte Lösungsart entwickelt, und in Form dieser Lösungsart führen die leichten und eindeutigen Einzelaufgaben später zu komplexeren und unklareren. Ein Teil der Intelligenz, die getestet wird, besteht darin, das, was man bei den leichteren Aufgaben gelernt haben sollte, auf die schwierigeren anzuwenden. Es ist für jemanden, der kritisch ist, dann immer noch möglich, eine der späteren Einzelaufgaben herauszupicken und aufgebracht zu fragen: »Warum ist denn die vom Autor des Tests angegebene Antwort richtig und die andere falsch?« Die einzelnen Aufgaben eines Tests sollten jedoch nicht aus ihrem Zusammenhang herausgerissen zitiert werden; was vorausging, kann bei der Beurteilung dessen, was später kommt, sehr wichtig sein. Ein Test ist also eine Einheit und kann nicht willkürlich abgebrochen werden.

Es gibt viele andere Überlegungen, die bestimmen, warum eine Antwort richtig und eine andere nicht richtig ist, und dem Leser macht es vielleicht Spaß, die darin enthaltenen logischen Prinzipien selbst zu finden. Hier möchte ich nur einen Punkt hinzufügen, den ich für sehr wichtig halte. Die Argumente, die ich bisher gebracht habe, mögen den Leser als vernünftig beeindrucken, aber dem Psychologen gilt sogar ein vernünftiges Argument nicht soviel wie ein experimenteller Beweis. Deshalb wird bei der Konstruktion eines Tests für gewöhnlich folgendes gemacht. Man legt den ganzen Test einer repräsentativen Stichprobe* (Sample) von ungefähr 1000 Leuten vor; dann bestimmt man von jedem die Gesamtpunktzahl auf der Grundlage seiner Testleistung. Als nächstes schaut man sich all jene Einzelaufgaben an, von denen es nur wenige in jedem Test geben wird, bei denen es Grund zur Annahme gibt, daß Alternativantworten möglich sind. Dann wird der Psychologe das beste Viertel und das schlechteste Viertel der Stichprobe (Sample) herausnehmen und sich die tatsächlichen Antworten dieser beiden Gruppen ansehen. Und wenn er sich auch noch so sicher ist, daß Antwort A besser als Antwort B ist, so wird er doch diese Aufgabe weglassen, wenn er feststellt, daß Antwort A tatsächlich viel öfter von der besseren Gruppe als von der schlechteren, und Antwort B viel öfter von der schlechteren Gruppe als von der besseren gegeben wird. Dieser Vorgang wird manchmal Itemanalyse (Aufgabenanalyse) genannt und ist eine sehr wichtige Hilfe bei der anfänglichen Auswahl von Testaufgaben. Dadurch wird gesichert, daß der Psychologe bei der Konstruktion des Tests nicht seine eigenen besonderen Vorlieben und Abneigungen hineinbringt, die für manche Leute ein Hindernis und für andere eine Hilfe bedeuten könnten.

Aber warum, werden nun einige Leute fragen, gibt man sich überhaupt mit solchen Testaufgaben ab, bei denen die Testperson sich die Lösung selbst ausdenken muß, wenn trotz aller Sorgfalt

* Statistische Bezeichnung für eine repräsentative Teilmenge einer Gesamtmenge, hier aller Individuen, die das zu untersuchende Merkmal (= Intelligenz) aufweisen. (Anmerkung des Verlages)

und Itemanalyse immer noch gewisse Möglichkeiten übersehen werden können? Einige Psychologen berücksichtigen diesen Einwand und benützen nur Multiple choice-Tests (Mehrfach-Wahl-Tests), bei denen die Antwortmöglichkeiten vorgegeben sind und daher diese Möglichkeit nicht auftaucht. Eine solche Lösung kommt jeder Kritik, die an der Möglichkeit von Alternativantworten ansetzt, zuvor, aber sie wirft andere Schwierigkeiten auf. Wenn der IQ ein Durchschnittswert ist, und wenn die Form der Frage ein wichtiges Element ist, das einige Leute begünstigt und andere benachteiligt, dann wird wahrscheinlich, wenn man sich nur auf einen Fragentyp beschränkt, der Durchschnitt unbeabsichtigt in die eine oder andere Richtung verzerrt. Die »11-plus-examination«* hat möglicherweise letztlich, da sie sich sehr auf Multiple choice-Tests konzentrierte, den unoriginellen, unproduktiven, bürokratischen und Beamten-Intelligenztyp begünstigt, während sie den originell, schöpferisch, wissenschaftlich denkenden und künstlerisch begabten Typ benachteiligt hat. Diese Kritik wurde von amerikanischen Forschern geäußert, die viel Erfahrung mit Tests hatten, bei denen die Antworten frei gefunden werden mußten; sie haben festgestellt, daß Kinder, die besonders gut bei diesen Tests abschneiden, nicht so gut bei Multiple choice-Tests abschneiden, und umgekehrt. Ich glaube nicht, daß man sich darüber schon ein abschließendes Urteil erlauben kann, aber es würde mich nicht wundern, wenn etwas Wahres dran wäre. Wie dem auch sei, es ist sicher unklug, sich ganz auf einen Fragentyp zu konzentrieren, solange man nichts Endgültiges über diesen Punkt weiß; der einzig sichere Weg ist die größtmögliche Vielfalt. Wenn das nur mit dem Risiko geht, daß man dabei gelegentlich zu Unrecht (oder mit Recht) beschuldigt wird, eine Aufgabe mit Alternativantworten konstruiert zu haben, dann, meine ich, lohnt sich das Risiko.

Eine andere Kritik vieler Briefeschreiber bezog sich darauf, daß bestimmte Testaufgaben ein spezifisches Wissen erforderten. Indem sie mir in Erinnerung riefen, daß ich selbst sorgfältig zwischen Intelligenz und Wissen unterschieden habe, beanstandeten sie die Zulässigkeit von einzelnen Aufgaben, die ein spezifisches Wissen in einem Intelligenztest verlangten. Die Antwort auf diesen

* In England Prüfungen für Schüler im Alter von 11 Jahren, die über den Zugang zu den verschiedenen Typen weiterführender Schulen entscheiden. Seit der generellen Einführung der Gesamtschule ist dieses Auswahlverfahren im Bereich des öffentlich geförderten Schulwesens abgeschafft worden. (Anmerkung des Übersetzers)

Einwand geht genau in diese Richtung. Die Intelligenzmessung verlangt ganz offensichtlich bei den Testpersonen gewisse gemeinsame Grundlagen an Wissen, Motivation, Gewohnheit und Erfahrung. Es ist ganz klar, daß die Aufgaben in diesem Buch nicht zu lösen wären, wenn man nicht lesen könnte, nicht wüßte, wie man einen Bleistift hält, blind wäre, nicht die Bedeutung von elementaren deutschen Wörtern kennen würde oder überhaupt nicht motiviert wäre, sich dieser Aufgabe zu unterziehen. Alle diese Punkte werfen Probleme auf, wenn man die Intelligenz einer sozialen, nationalen oder ethnischen Gruppe mit einer anderen vergleicht. Manche Kinder aus der Arbeiterklasse haben immer noch echte Schwierigkeiten, einen Bleistift zu halten oder fleißig Zeichen aufs Papier zu setzen; dies kann sich störend auf ihre Fähigkeit auswirken, einen Test zu machen. Wenn der Test Wörter wie »Kuh« oder »Schiff« enthält, gibt es sogar einige Anzeichen dafür, daß hier Stadtkinder benachteiligter sind als Kinder aus ländlichen Gegenden oder als Kinder, die an der Küste wohnen. Vergleiche zwischen Weißen und Indianergruppen können durch einige Testkonstruktionen völlig ungültig sein: Weiße Kinder befolgen nämlich ganz willig die Anweisung, sich nicht zuviel aus Fehlern zu machen oder eine Aufgabe ungelöst zu lassen und zur nächsten überzugehen. Der Indianer dagegen wird von seinem Stamm in dem Denken erzogen, daß es weitaus wichtiger ist, etwas richtig als etwas schnell zu machen. Folglich wird er wahrscheinlich schon ziemlich weit vorne im Test steckenbleiben und sich weigern, die Aufgabe, die ihm Schwierigkeiten bereitet, auszulassen. Er wird dadurch die Gelegenheit versäumen, mehr Punkte zu erreichen, indem er andere, möglicherweise einfachere Probleme löst.

Um ein vernünftiges Meßergebnis zu erhalten, müssen wir deshalb eine gewisse Gleichheit hinsichtlich Motivation, Grundausbildung, gesellschaftlicher Herkunft, Erfahrung und Wissen haben. Kein Intelligenztest ist allgemeingültig, sondern läßt sich nur auf eine bestimmte Untergruppe der Bevölkerung anwenden. »Know Your Own I.Q.«, wie auch das vorliegende Buch, ist für gebildete Leute gedacht, zwischen achtzehn und fünfzig oder sechzig Jahre alt, mit über dem Durchschnitt liegenden IQ's und einem dementsprechenden Mindestmaß an Schulbildung. Unter der Voraussetzung einer solchen ziemlich homogenen Gruppe konnte gezeigt werden, und zwar durch Tests, die nicht spezifisches Einzelwissen beinhalteten, daß Wissen eine direkte Funktion des IQ ist. Zum Beispiel hat man festgestellt, daß einfache Wortschatztests der weit und breit beste Intelligenzindex sind, und man hat tatsächlich Grund anzunehmen, daß das Beherrschen der Muttersprache in Beziehung zu den geistigen Fähigkeiten einer Person gesetzt werden kann. Letzten Endes sind die Chancen, sich einen guten Wortschatz anzueignen, mehr durch mangelnde geistige Fähigkeiten begrenzt als durch äußere Einschränkungen. Diese allgemeine Regel läßt sich natürlich nicht notwendigerweise auch auf andere als jene Gruppe anwenden, für die »Know Your Own I.Q.« und das vorliegende Buch gedacht sind, aber bei dieser Gruppe konnte man mit einiger Wahrscheinlichkeit annehmen, daß durch das Aufnehmen einiger Fragen, die auf spezifisches Wissen abzielen, die Gültigkeit des erhaltenen IQ's steigen würde. Wenn man vorhätte, verschiedene soziale Gruppen oder Nationen oder verschiedene ethnische Gruppen zu vergleichen, dann müßte man natürlich große Sorgfalt darauf verwenden, Aufgaben dieses Typs auszuklammern.

Ein weiterer Punkt, zu dem mir viele Leute schrieben, befaßt sich mit der tatsächlichen Definition und Bedeutung des Begriffs »Intelligenz«. Sie hielten es für unbefriedigend, mit der wenn auch wahren Feststellung in der Luft zu hängen, daß die Psychologen bei der theoretischen Interpretation nicht übereinstimmten, selbst wenn sie alle ganz ähnliche Typen von Intelligenztests benutzten. Nun, wissen zu wollen, was da eigentlich gemessen wird, und auch wissen zu wollen, wie es gemessen wird, ist verständlich, und ich werde hier versuchen, einige Worte über die Art von Intelligenz zu sagen, die durch Intelligenztests gemessen wird. Bevor ich es jedoch tue, möchte ich klarstellen, daß das, was ich sage, meine eigene Interpretation der Fakten ist, die auf Kenntnis der Literatur und langjähriger experimenteller Arbeit auf diesem Gebiet beruht. Das, was ich zu sagen habe, wird nicht notwendigerweise die Zustimmung anderer Psychologen finden und kann möglicherweise mißverstanden werden. Jedoch ist die Chance groß, daß die Wahrheit irgendwo in dieser Richtung liegt.

Wenn wir die Leistung bei Intelligenztests im einzelnen analysieren, sehen wir, daß es ein hervorstechendes Charakteristikum gibt, das mehr als alles andere Erfolg oder Mißerfolg bestimmt. Dieses Charakteristikum ist die Denkgeschwindigkeit. Wenn man eine Reihe ganz einfacher Aufgaben nimmt, alle vom gleichen Typ – sagen wir eine Buchstabenreihe, z. B. A, C, E, G ? –, dann sieht man, daß kaum jemand einen Fehler machen oder die Aufgaben zu schwierig finden wird, aber einige Leute werden eine Reihe von zwanzig oder dreißig dieser Aufgaben in wenigen Sekunden lösen, während andere fast genauso viele Minuten dafür brauchen. Nun hat es sich gezeigt, daß diese Geschwindigkeitsunterschiede auch bei den immer schwieriger werdenden Aufgaben auftauchen; mit anderen Worten, diejenigen, die bei leichten schnell sind, sind auch bei immer schwieriger werdenden Aufgaben schnell, während jene, die bei den leichten langsam sind, auch bei den schwierigen langsam sind. Diese überall wirksame Denkgeschwindigkeit ist, würde ich sagen, die grundlegende ererbte Basis für die intellektuellen Unterschiede zwischen den Menschen.

Dieser Geschwindigkeitsfaktor ist jedoch nicht mit dem IQ gleichzusetzen, und zwar deshalb nicht, weil in jedem einzelnen IQ-Test auch verschiedene nichtintellektuelle Persönlichkeitsfaktoren mit ins Spiel kommen. Wollen wir zunächst festhalten, daß Geschwindigkeit tatsächlich eine wichtige Variable im typischen IQ-Test ist. Sie werden wahrscheinlich merken, daß Sie, obwohl Sie nur einige der Aufgaben in der zugelassenen halben Stunde schaffen können, praktisch alle Aufgaben lösen können, wenn Sie nur lange genug weitermachen. Deshalb ist also beim Test die zeitliche Begrenzung wesentlich, da sonst fast jeder ein perfektes Ergebnis erreichen könnte. Das ist auch der Grund, warum eine komplexere und schwierigere Testaufgabe nicht in einen typischen Intelligenztest aufgenommen werden kann. Wenn Sie sich die Tests in unserem Teil »Denksport für Superintelligente« anschauen, dann werden Sie sehen, daß die Zeitgrenze, die wir dort setzen müßten, mehrere Stunden oder Tage betragen würde, und das ist verwaltungstechnisch und praktisch einfach nicht durchführbar.

In Wirklichkeit aber wird niemand perfekte Ergebnisse erreichen, selbst wenn die Zeit nicht begrenzt wäre. Dies ist gewissen Persönlichkeitsfaktoren zuzuschreiben, die die Leistung bei langen und sogar oft schon bei kurzen Tests beeinflussen. Die zwei hauptsächlichen Persönlichkeitsmerkmale, die in diesem Zusammenhang durch experimentelle Untersuchungen identifiziert werden konnten, wollen wir bei ihren gebräuchlichen Namen nennen, es sind Nachlässigkeit und mangelnde Ausdauer. Wer langsam arbeitet, braucht vielleicht für einen Test, den ein schnell Denkender erfolgreich in einer halben Stunde fertigbringt, zwanzig Stunden; seine Begeisterung schwindet, bevor die Zeit vergangen ist, und vielleicht gibt er auf und hält gewisse Aufgaben für unlösbar, obwohl er sie wohl gelöst hätte, wenn er ein bißchen länger weitergemacht hätte. Dieser Mangel an Ausdauer beeinflußt natürlich auch die Leistung bei viel kürzeren Zeitvorgaben; manche Leute sind gewillt, eine halbe Minute auf eine Aufgabe zu verwenden, aber nicht zwei Minuten. Tatsächlich scheint zwischen dem Schwierigkeitsgrad der Fragestellung und der benötigten Zeitspanne zu deren Lösung eine logarithmische Abhängigkeit zu bestehen; das macht die Anforderungen an die Ausdauer des relativ langsam Denkenden sehr viel größer, als es sonst der Fall wäre. Trotzdem gibt es, besonders im gewöhnlichen Alltag, aber auch bei Tests mit freier Zeiteinteilung, eine Möglichkeit, fehlende Denkgeschwindigkeit mit Ausdauer auszugleichen. Man kann bei der Kür aufholen, was man bei der Pflicht an Punkten verloren hat. (Und andererseits kann man natürlich bei der Kür verlieren, was man aufgrund besonderer Anlagen bei der Pflicht gewonnen hat.)

Selbst wenn man aber schnell denken kann und ausdauernd ist, kann man dafür fahrig und nachlässig sein und gleich die erste Lösungsmöglichkeit, die einem in den Sinn kommt, nehmen, ohne zu prüfen, ob sie tatsächlich richtig ist oder nicht. Eine schlecht funktionierende Fehlerkontrolle führt genauso unerbittlich zu einer geringen Punktzahl wie langsames Denkvermögen und mangelnde Ausdauer; extrovertierte Leute neigen in dieser Hinsicht zu schlechteren Ergebnissen und machen mehr Fehler als introvertierte. Es gibt auch deutliche Anzeichen dafür, daß Menschen, die originell und schöpferisch sind (und deshalb gut bei Tests ohne vorgegebene Antwortmöglichkeiten abschneiden), bei Multiple choice-Tests zu Leichtsinnsfehlern neigen; das wäre noch ein Grund, die Frage wieder aufzuwerfen, ob die »11-plus-examination« nicht für bestimmte Intellekttypen ungerecht ist (vgl. dazu die Anmerkung auf S. 12).

Dies ist also im Überblick das Bild des Problemlösungsmechanismus, das scheinbar herangezogen werden muß, um den uns bekannten Tatsachen Rechnung zu tragen. Dies wurde ursprünglich von D. FURNEAUX vorgeschlagen, dessen hervorragende Arbeit über die Auswahl von Universitätsstudenten ihn immer mehr dahin führte, die Bedeutung der Persönlichkeit für die Messung dessen, was angeblich eine reine intellektuelle Funktion ist, zu betonen. Insoweit der IQ ein rein intellektuelles Maß ist, ist er ein Maß für die Denkgeschwindigkeit. Aber der IQ ist zwangsläufig nicht nur ein Maß für die Denkgeschwindigkeit, es sei denn sehr sorgfältige Vorsichtsmaßnahmen wären getroffen worden, ihn dazu zu machen. Für gewöhnlich wird die Messung der Denkgeschwindigkeit dadurch, daß Persönlichkeitsmerkmale, wie Ausdauer oder fehlende Ausdauer, Nachlässigkeit oder Sorgfalt, mit hineinspielen, verfälscht. Diese Persönlichkeitsmerkmale lassen sich wahrscheinlich viel eher trainieren als die Denkgeschwindigkeit, obwohl sogar hier der bekannte amerikanische Psychologe SKINNER, der so viel getan hat, um Lernmaschinen populär zu machen, gezeigt hat, daß man tatsächlich durch einen entsprechenden Kurs an einer Lernmaschine, die auf Aufgaben dieses Typs programmiert ist, die Schnelligkeit, mit der Intelligenztestaufgaben gelöst werden, ganz enorm erhöhen kann. Er konnte auch feststellen, und das stimmt gut mit der oben gemachten Analyse überein, daß mit einem richtig programmierten Lehrgang sogar die Dümmsten, die nur über ein sehr langsames Denkvermögen verfügen, ebensoviel Erfolg haben wie die Klügsten mit dem allerschnellsten Denkvermögen, daß sie aber sehr viel mehr Zeit für das Lernpensum brauchten. Man hat z. B. festgestellt, daß einige Studenten von sehr hoher Denkgeschwindigkeit, die mit einem gut programmierten Mathematikkurs arbeiteten, ein Jahrespensum in ungefähr zwei Tagen schaffen konnten! Es ist tatsächlich eine der großen Vorteile der Lernmaschine, daß sie es jedem Studenten möglich macht, in seinem Tempo vorwärtszugehen, das natürlich weitgehend von seiner Denkgeschwindigkeit bestimmt wird, aber auch durch seine Persönlichkeitsmerkmale, durch Zufälle seiner Erziehung, besondere Fähigkeiten usw. Alle dazu zu zwingen, mit derselben Geschwindigkeit zu lernen, wie es bei nur einem menschlichen Lehrer nicht zu vermeiden ist, ist offensichtlich eine viel weniger erfolgreiche Methode und führt zwangsläufig zu Schwierigkeiten, sowohl für den sehr Schnellen als auch den sehr Langsamen.

Wenn all das zu sehr nach gesundem Menschenverstand klingt und zu wenig von dem fürchterlichen Jargon vorkommt, in den sonst die einfachsten Tatsachen der Psychologie verpackt sind, mag der Leser Nachsicht üben. In jedem Fall aber wird er, wenn er auf seine eigene Testleistung zurückblickt und die Anzahl falscher Antworten und angefangener, aber nicht beendeter Aufgaben einrechnet, eine ungefähre Vorstellung davon bekommen, wo er sich in Hinblick auf die drei Faktoren Denkgeschwindigkeit, Ausdauer und Fehlerkontrolle einzureihen hat.

Ich erwähnte gerade SKINNER und seinen Beweis, daß die Geschwindigkeit, mit der Aufgaben gelöst werden, durch entsprechende Übung gesteigert werden konnte. Dabei denke ich an eine andere oft gestellte Frage. Viele Leser beschwerten sich verärgert, daß sie in »Know Your Own I.Q.« im ersten Testdurchgang eine Punktzahl von 110, im zweiten von 116, im dritten von 120 und später sogar noch höhere Punktzahlen hatten. Wie, so fragen sie völlig berechtigt, kann sich ihr IQ innerhalb weniger Tage um soviel geändert haben. Die Antwort lautet natürlich, worauf ich schon in »Know Your Own I.Q.« hingewiesen habe, daß Intelligenztests durch Übung und Training beeinflußt werden und daß dies bei den gebräuchlichen Testtypen zwischen dem ersten und dem fünften Testdurchgang so etwa einen Zuwachs von zehn IQ-Punkten bringen kann. (Nach dem fünften Test gibt es wahrscheinlich keine IQ-Steigerung mehr, und schon vom dritten zum fünften Test ist sie verhältnismäßig gering. Die größte Steigerung tritt nach dem ersten Test ein.) Zweifellos ist dies ein ernstzunehmender Nachteil, insoweit es Intelligenztests betrifft, und ich hatte unter anderem, als ich dieses Buch schrieb, auch vor, jeden darauf aufmerksam zu machen. Es ist ganz offenkundig eine beachtliche Ungerechtigkeit, wenn man Kinder auf einer wichtigen Stufe ihrer Schullaufbahn einem Intelligenztest unterzieht, wenn einige niemals zuvor so einen Test gesehen haben, während andere schon recht viel Erfahrung mit Tests haben.

Dies ist eine Sache, bei der man sich zu Recht ziemlich unwohl fühlt. Ohne Zweifel wird es immer üblicher werden, die geistigen Fähigkeiten, sowohl bei Kindern als auch bei Erwachsenen, in der Schule, auf der Universität, beim Militär und in der Industrie zu testen. Es ist wesentlich, daß Tests gerecht sind und als gerecht zu erkennen sind, wenn nicht die häufiger werdende Verwendung von Intelligenztests mehr Probleme bringen als lösen soll. Nun scheint eine Leistungssteigerung wegen einer Testverfälschung von, sagen wir, acht Punkten nicht viel zu sein. Bei Testuntersuchungen für Selektionszwecke erhebt sich jedoch ein Problem im Zusammenhang mit den Grenzkandidaten. Wenn der entscheidende Selektionsschnitt bei einem IQ von 115 liegt, dann werden Kinder mit einem IQ unter 105 oder darumherum wahrscheinlich auf keinen Fall konkurrieren können, und Kinder mit einem IQ von 125 oder darüber wahrscheinlich unter fast allen Umständen ankommen. Die Reihe zweifelhafter Fälle würde sich deshalb nur über ungefähr zwanzig Punkte erstrecken, und verglichen damit kann ein möglicher Zuwachs von acht Punkten häufig genug den ganzen Unterschied zwischen Sieg und Niederlage ausmachen. Die gebrachten Zahlen erheben nicht den Anspruch großer Genauigkeit, aber sie zeigen die Problematik auf, die man so oft bei Testuntersuchungen für Selektionszwecke finden kann.

Es wäre vielleicht besser, jeden über das Wesen von Intelligenztests in Unwissenheit zu lassen, bevor er sich einem Test unterziehen muß, aber es ist klar, daß das unmöglich ist. Zuallererst würde das bedeuten, daß jeder nur einmal getestet werden könnte, denn wenn er einmal in der Schule getestet worden ist, könnte er niemals mehr einen Test mit der nötigen ursprünglichen Unwissenheit in Angriff nehmen, die er vorher hatte. Und weiterhin müßten Mittel und Wege gefunden werden, wie das Training von Tests für illegal erklärt werden könnte und wie Kinder, die den Test gemacht haben, zum Schweigen verpflichtet werden könnten. Drucker, Verleger, Lehrer und Psychologen müßten dann auch die »offizielle Geheimakte« unterschreiben, und ganz allgemein wäre ein fast unmöglich kompliziertes Kontroll- und Durchführungssystem notwendig, um sicherzustellen, daß sich alles nach einer derartigen Vorschrift richtet. Und wenn es sogar möglich wäre sicherzustellen, daß der entscheidende Test immer der erste war, zweifle ich doch sehr daran, daß das besonders wünschenswert wäre. Es bietet nämlich viele Vorteile, wenn man mehrere Testergebnisse zur Verfügung hat und, über die ganze Schulzeit eines Kindes hinweg, das Auf und Ab seiner geistigen Entwicklung beobachten und es in Beziehung zu seiner Leistung setzen kann. Wenn schon eine Auswahl getroffen werden muß, würde es auf diese Weise möglich sein, einen Aufschwung im IQ eines »Spätentwicklers« zu entdecken und eine möglicherweise begangene Ungerechtigkeit wieder gutzumachen. Ich bin deshalb für die andere Möglichkeit, die ich vorhin schon andeutete, nämlich daß man jeden ausreichend mit IQ-Tests vertraut macht, um die Übungseffekte auf ein absolutes Minimum herabzusetzen. Ich finde es schade, daß die Psychologen zu träge gewesen sind, die Aufmerksamkeit auf diesen großen Fehler zu lenken, und daß sie sich nicht für Mittel und Wege zur Bekämpfung dieser Schwierigkeit eingesetzt haben. Laien haben sich oft über diesen Punkt beklagt, haben aber selten von Testexperten eine Antwort bekommen; diese Klage ist sehr real und sehr wichtig und sollte nicht vertuscht werden. Wenn dieser Fehler nicht getilgt werden kann, dann können Tests irreführend und unter gewissen Umständen schlimmer als nutzlos sein.

Leser unter achtzehn Jahren oder um die achtzehn oder Leser über fünfunddreißig bis sechzig, werden eher niedrigere Punktzahlen erhalten als diejenigen aus den dazwischenliegenden Altersgruppen. Einige Leser haben vorgeschlagen, daß eine Tabelle beigefügt sein sollte, anhand derer die Testpersonen ihre altersgemäßen IQ's ausrechnen könnten, aber das scheint mir doch ein bißchen zu weit zu gehen. Wir können uns den IQ unter einem absoluten oder relativen Gesichtspunkt anschauen. Unter absolut verstehe ich in diesem Zusammenhang den Vergleich zwischen den eigenen Fähigkeiten und denen der erwachsenen Bevölkerung als Ganzes; unter relativ in diesem Zusammenhang verstehe ich den Vergleich zwischen den eigenen Fähigkeiten und denen anderer gleichen Alters. Wenn die Fähigkeiten nach Sechzig abnehmen, ist ganz klar, daß ein siebzigjähriger Mann benachteiligt sein wird, wenn er mit einem Vierzigjährigen konkurriert; folglich ist in absoluten Werten sein IQ niedriger. Wenn man seine Leistung mit der eines anderen Siebzigjährigen vergleicht, wird sein relativer Stand wahrscheinlich ziemlich gleich sein wie damals, als beide vierzig waren; daher ist relativ gesehen der Siebzigjährige nicht benachteiligt. Obwohl die Berechnung eines relativen IQ's natürlich nützlich ist, ist sie mir immer als ziemlich künstlich vorgekommen, und folglich sind für dieses Buch keine Umrechnungstabellen geliefert worden; wenn ältere Leute einen Bonus in Anspruch nehmen möchten, sollen sie es natürlich gerne tun. Es ist in jedem Fall aber sehr schwierig, die richtige Größe für den Bonus zu bemessen, genauso wie es fast unmöglich ist, eine vernünftige Testgruppe von älteren Leuten zusammenzustellen; zu viele derer, die in dieser Testgruppe sein sollten, sind schon gestorben und jenseits aller Meßmöglichkeiten.

Ein letzter Punkt. Viele Leser haben gesagt, daß sie durch zwei offensichtlich widersprüchliche Meinungen verwirrt waren, die ich in »Know Your Own I.Q.« und meinen früheren Büchern vorgebracht habe. Einerseits, so sagen sie, bringe ich soviel ernsthafte Kritik an der IQ-Messung vor, was einen bei jeder neuen Aufgabe in dieser Art von Test zutiefst mißtrauisch macht; andererseits verkündige ich, daß das Auswahlverfahren des »11-plus«-Tests überraschend genau und gültig ist. Wie können diese Feststellungen miteinander in Einklang gebracht werden?

Die Antwort ist relativ einfach, und sie entspricht dem wahren Status eines Psychologen in bezug auf die sozialen Tatsachen. Unter den gegebenen Umständen, nämlich daß Kinder in einem bestimmten Alter für bestimmte Schultypen ausgewählt werden müssen, wobei die Zahl bereits im voraus entschieden ist, und daß sie bei Lernprogrammen, die auch schon im voraus beschlossen worden sind, erfolgreich abschließen sollen, unter diesen Umständen handelt der Schulpsychologe, dem die Aufgabe übertragen wurde, ein Selektionsprogramm zu erarbeiten, als reiner Technologe. Wenn man all diese Bedingungen betrachtet, wie auch den Geldbetrag, der pro Kopf für das Selektionsverfahren gezahlt wird, und auch den Geldbetrag, der für die Forschung ausgegeben wird, kann man nur sagen, daß von diesem technologischen Gesichtspunkt aus die Psychologen sehr erfolgreich gewesen sind. So ist der eine Teil meiner Feststellung, denke ich, zweifelsohne gerechtfertigt.

Jedoch der Psychologe als Wissenschaftler kann teilweise oder als Ganzes das, was wir oben als »gegeben« angenommen haben, anfechten. Er kann es ablehnen, daß eine Auswahl oder eine Auswahl in einem bestimmten Alter oder zu einem bestimmten vorliegenden Zweck wünschenswert ist. Er mag mit dem Anteil der Kinder, die zu den verschiedenen Schultypen zugeteilt werden, nicht einverstanden sein oder sogar mit der Struktur des weiterführenden Schulsystems. Er kann die Selektionsart, wie man sie heute praktiziert, ablehnen, vielleicht weil Originalität und Kreativität zu Gunsten von Konformität ausgeschlossen sind. Und er kann erklären, daß beim gegenwärtigen Wissensstand viel zu wenig Geld für die Forschung ausgegeben wird. Er kann auch zu dem Schluß kommen, daß es, während unsere Tests im Augenblick zu günstigen Preisen durchgeführt werden, für die Zukunft unserer Kinder viel besser wäre, wenn ein viel vollständigeres und über einen längeren Zeitraum sich fortsetzendes psychologisches Bewertungssystem angewendet würde. Ich denke, die meisten Psychologen stimmen zumindest einem Teil dieser Kritik zu, auch wenn sie der Meinung sind, daß die technologischen Aspekte der modernen Selektion sehr wirksam durchgeführt werden. Unglücklicherweise hat der Großteil der Bevölkerung professionelles Lob für eine gut gemachte technologische Arbeit immer als Zustimmung zu dem mißverstanden, was dem Technologen vorgegeben ist. Genau auf dieser Ebene möchte ich gerne die Kritik üben, die ich vorzubringen habe. Jedoch hier ist nicht der Ort, um ein so komplexes und mit Emotionen beladenes Thema wie die »11-plus«-Selektion zu behandeln; der Leser, der die Fakten, die in diesem Buch und in den vorherigen Büchern geliefert wurden, verarbeitet hat, sollte fähig sein, über diese Ergebnisse selbst nachzudenken.*

* Zum »11-plus«-Test vgl. auch die Anmerkung auf S. 12.

Testanweisung

Sie haben genau dreißig Minuten Zeit für jeden dieser Tests. Bleiben Sie nicht zu lange an einer Aufgabe hängen; möglicherweise sind Sie gänzlich auf der falschen Spur und könnten die nächste Aufgabe besser lösen. Geben Sie andererseits nicht *zu* leicht auf; die meisten Aufgaben können mit ein bißchen Geduld gelöst werden. Benützen Sie Ihren gesunden Menschenverstand bei der Entscheidung, wann Sie eine einzelne Aufgabe ungelöst stehenlassen. Und denken Sie daran, daß im Ganzen die Aufgaben die Tendenz haben, im Laufe des Tests immer schwieriger zu werden. Jeder sollte einige Aufgaben richtig lösen können, aber niemand wird wohl fähig sein, alle Aufgaben in der vorgegebenen Zeit zu lösen.

Ihre Antwort wird in jedem Fall aus einer einzelnen Zahl, einem einzelnen Buchstaben oder Wort bestehen. Manchmal müssen Sie unter den verschiedenen Alternativen, die Ihnen angeboten werden, eine Wahl treffen, manchmal müssen Sie sich die richtige Antwort ausdenken. Setzen Sie Ihre Antwort deutlich an der vorgesehenen Stelle ein. Wenn Sie eine Antwort nicht herausfinden können, dann raten Sie nicht; aber wenn Sie eine mögliche Lösung gefunden haben, aber nicht ganz sicher sind, ob sie tatsächlich richtig ist, dann setzen Sie sie ein. Es gibt keine »Trick«-Fragen, aber Sie sollten immer verschiedenartigste Wege in Betracht ziehen, wie Sie die Aufgabe anpacken könnten. Versichern Sie sich, daß Sie verstanden haben, was von Ihnen verlangt wird, bevor Sie mit einer Aufgabe beginnen; Sie verschwenden Zeit, wenn Sie einfach drauflos arbeiten, ohne sich viel darum zu kümmern, um welches Problem genau es nun dabei geht.

Anmerkung: Punkte geben die Zahl der Buchstaben im fehlenden Wort an; so (. . . .) erkennt man, daß das fehlende Wort, das Sie finden sollen, vier Buchstaben hat.

»ß« gilt als »ss«.

Der Umlaut gilt als *ein* Buchstabe, sofern nichts anderes vermerkt ist.

Test eins

1. Suchen Sie aus den vier numerierten Figuren die richtige heraus.

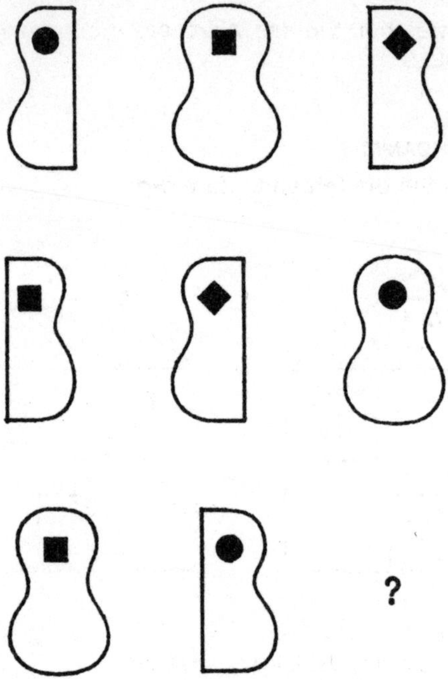

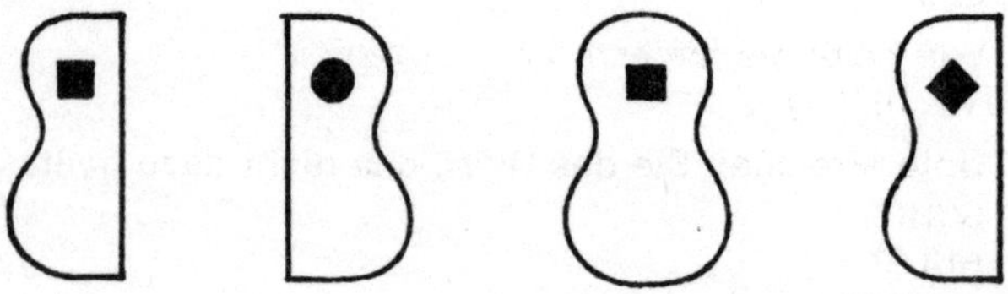

1 2 3 4

2. Setzen Sie das Wort ein, mit dem das erste Wort endet und das zweite beginnt.
GR (. . .) BERG

3. Unterstreichen Sie das Wort, das nicht dazu paßt.
SÜSCHELS
BELAG
RETELL
BLASCHDAMM

4. Setzen Sie die fehlende Zahl ein.

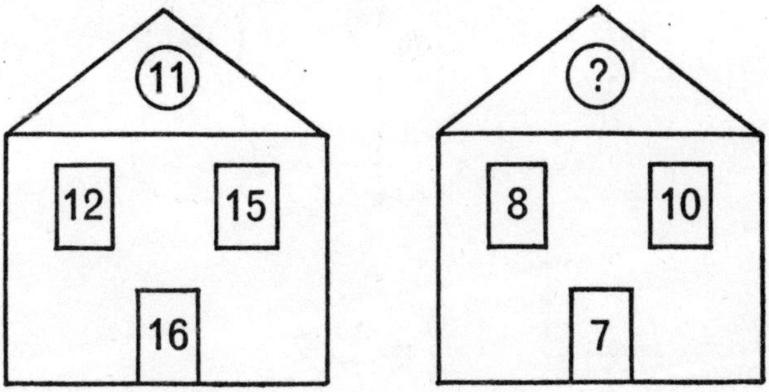

5. Setzen Sie das fehlende Wort ein.
MÖHRE (MÖWE) WEHE
ROTTE (. . . .) SEHR

6. Setzen Sie die fehlende Zahl ein.
196 (25) 324
329 ( ) 137

7. Wie heißt die nächste Zahl in dieser Reihe?
18 10 6 4 ?

8. Unterstreichen Sie das Wort, das nicht dazu paßt.
SCHIT
HULST
PITPECH
IKAKROMAN

9. Suchen Sie aus den numerierten Figuren die richtige heraus.

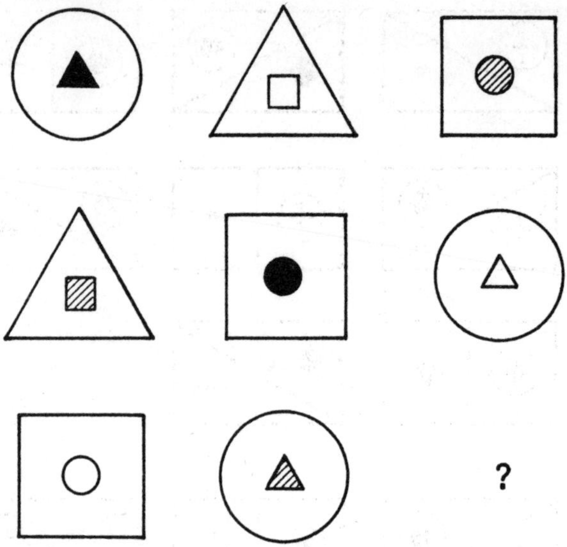

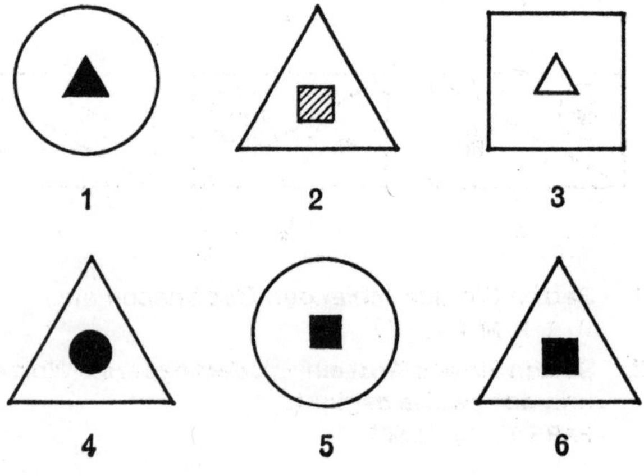

10. Suchen Sie aus den sechs numerierten Figuren die richtige heraus.

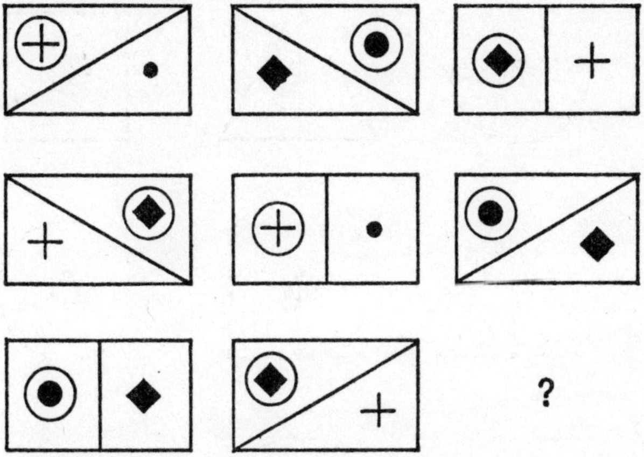

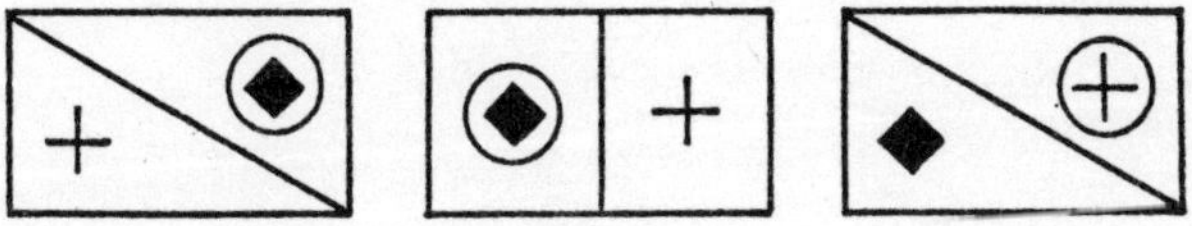

1 2 3

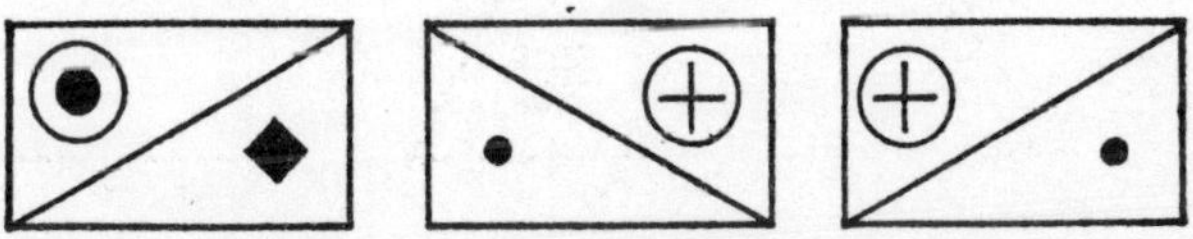

4 5 6

11. Setzen Sie den fehlenden Buchstaben ein.
W T P M I ?

12. Setzen Sie das Wort ein, mit dem das erste Wort endet und das zweite beginnt.
PARA (. . . .) SEITS

13. Setzen Sie die fehlende Zahl ein.

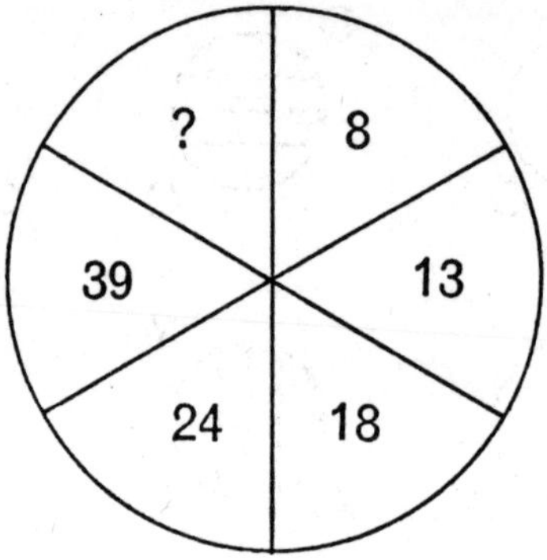

14. Setzen Sie die fehlende Zahl ein.

4	9	20
8	5	14
10	3	?

15. Setzen Sie die fehlende Zahl ein.

16 (27) 43
29 ( ) 56

16. Setzen Sie die fehlenden Buchstaben ein.

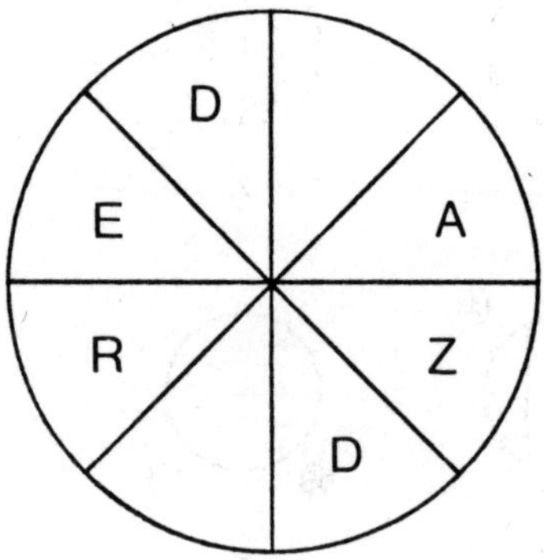

17. Suchen Sie aus den numerierten Figuren die richtige heraus.

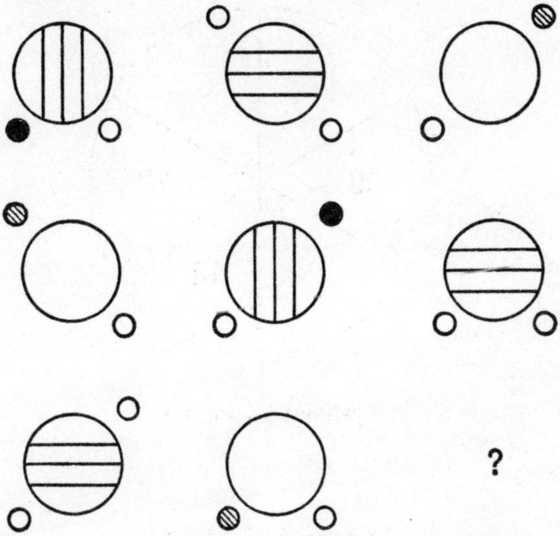

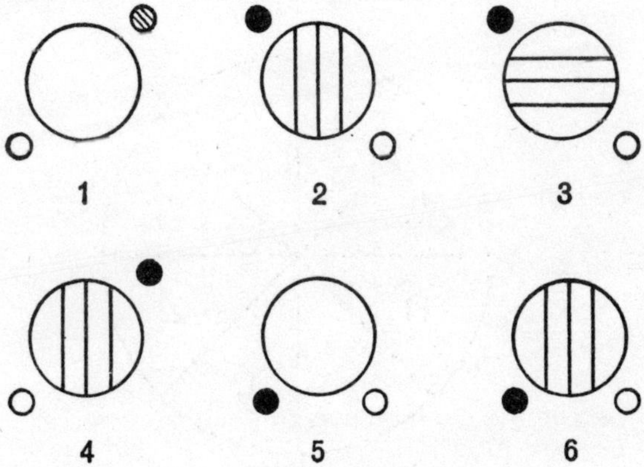

18. Suchen Sie aus den sechs numerierten Figuren die richtige heraus.

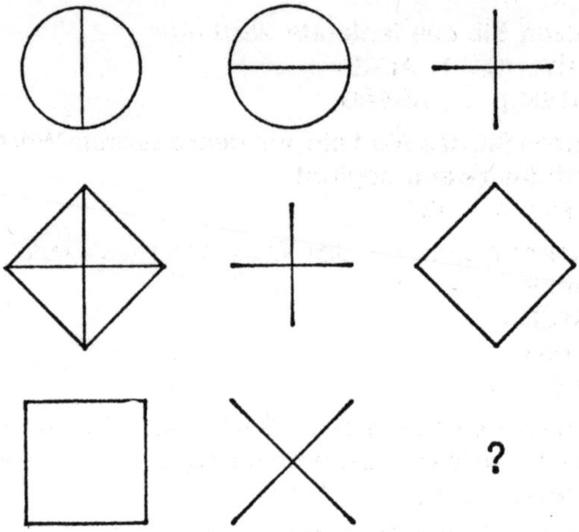

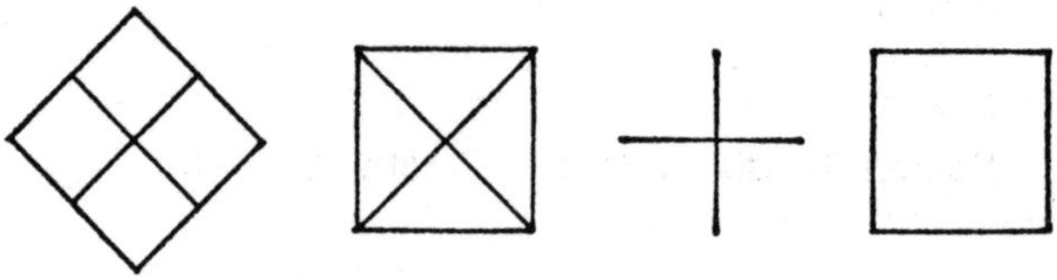

1 2 3 4

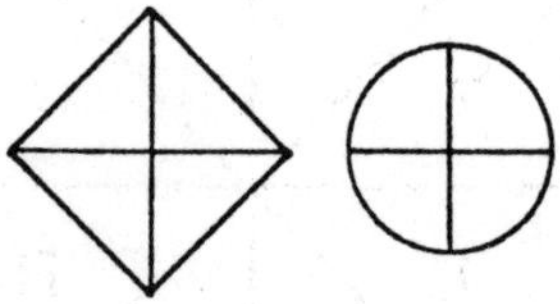

5 6

19. Setzen Sie die fehlende Zahl ein.
6 11 ? 27

20. Setzen Sie die fehlende Zahl ein.
12 (56) 16
17 ( ) 21

21. Setzen Sie das fehlende Wort ein.
ÄTHYL (HÄLT) ALTER
UNTEN (. . . .) ABEND

22. Setzen Sie das Wort ein, mit dem das erste Wort endet und das zweite beginnt.
BLEI (. . . . .) EN

23. Unterstreichen Sie das Wort, das nicht dazu paßt.
KABER
HÄFER
KNUSK
CAHTY

24. Setzen Sie das Wort ein, das dieselbe Bedeutung hat wie die beiden Wörter außerhalb der Klammer.
LICHTQUELLE (. . . . .) OBST

25. Setzen Sie den fehlenden Buchstaben ein.
A D G
D H L
H M ?

26. Setzen Sie die fehlenden Buchstaben ein.

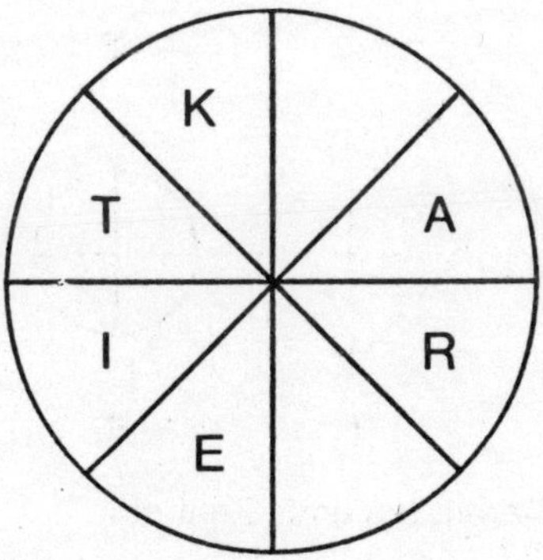

27. Suchen Sie aus den sechs numerierten Figuren die richtige heraus.

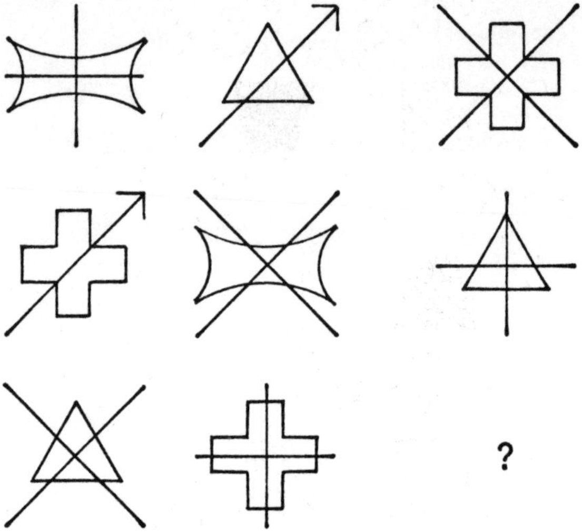

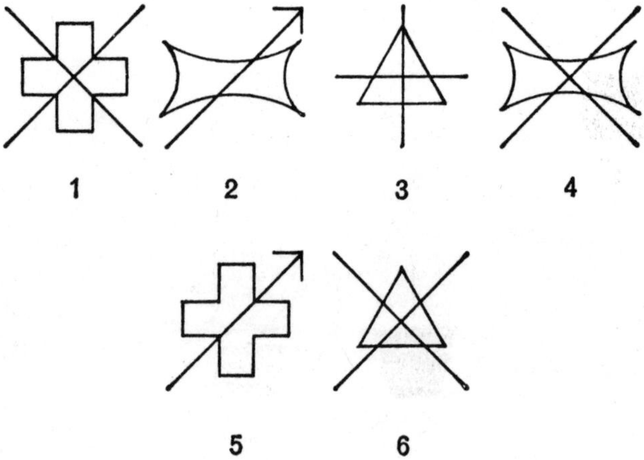

28. Suchen Sie aus den numerierten Figuren die richtige heraus.

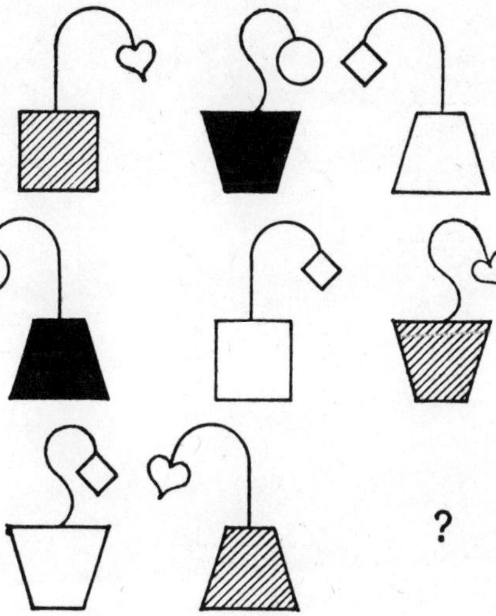

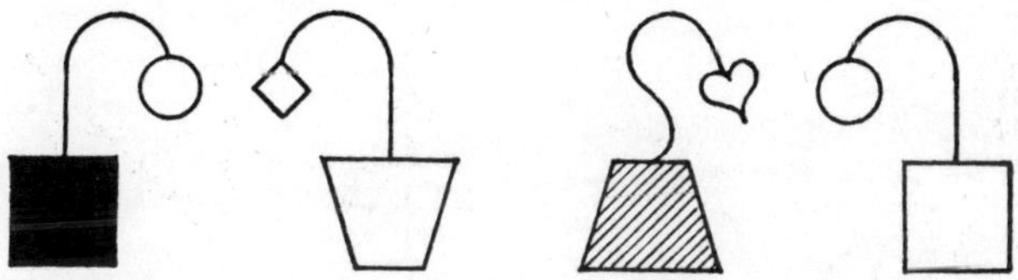

1 2 3 4

5 6

29. Suchen Sie aus den sechs numerierten Figuren die richtige heraus.

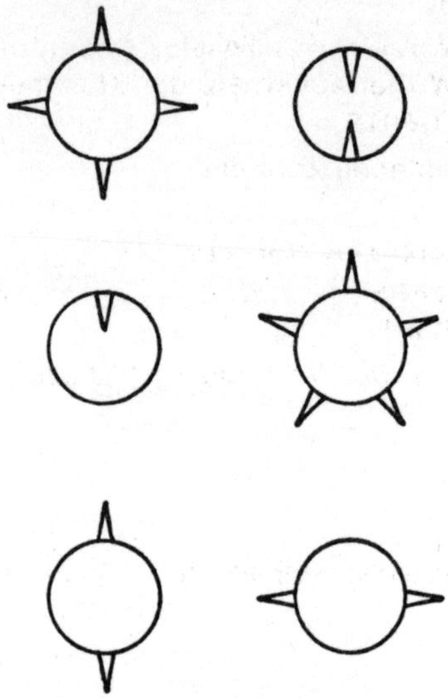

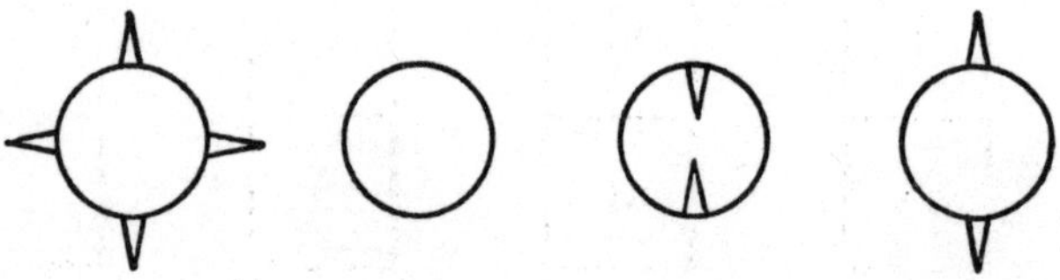

1 2 3 4

5 6

30. Setzen Sie das fehlende Wort ein.
ÜBEL (EBBE) DERB
POST (. . . .) WOHL

31. Setzen Sie das Wort ein, das dieselbe Bedeutung hat wie die beiden Wörter außerhalb der Klammer.
SCHWANZ (. . . .) GERTE

32. Setzen Sie die fehlende Zahl ein.
1 8 27 ?

33. Setzen Sie das fehlende Wort ein.
BLOSS (SOLE) LEHRE
RÖHRE (. . . .) REDEN

34. Unterstreichen Sie das Wort, das nicht dazu paßt.
MERAU
NADSTEIG
ACHD
FERNEST

35. Setzen Sie den fehlenden Buchstaben und die fehlende Zahl ein.

1	C	5	?
A	3	E	?

36. Setzen Sie das Wort ein, das dieselbe Bedeutung hat wie die beiden Wörter außerhalb der Klammer.
ORT (. . . . . .) ARBEITSPLATZ

37. Setzen Sie das fehlende Wort ein.
GRIFFE (RING) HANG
AKAZIE (. . . .) GLUT

38. Suchen Sie aus den sechs numerierten Figuren die richtige heraus.

1 2 3

4 5 6

39. Suchen Sie aus den sechs numerierten Figuren die richtige heraus.

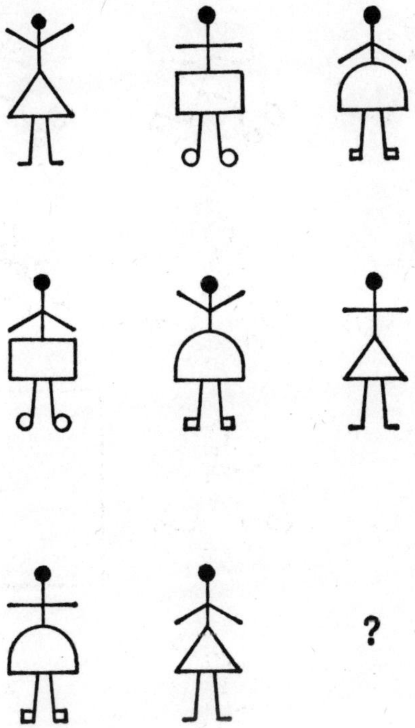

1 2 3 4 5 6

40. Suchen Sie aus den vier numerierten Figuren die richtige heraus.

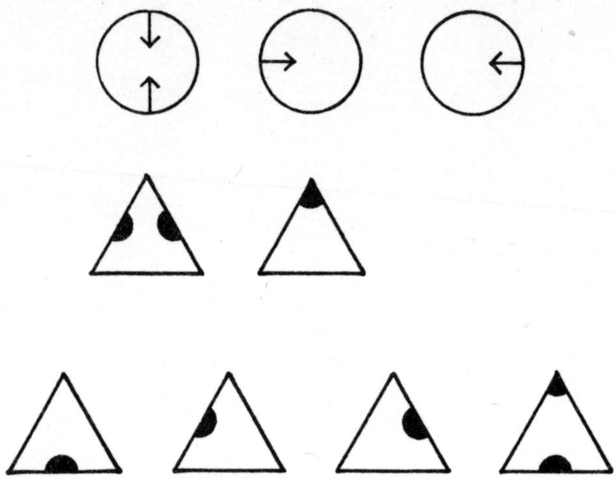

1 2 3 4

Test zwei

1. Suchen Sie aus den vier numerierten Figuren die richtige heraus.

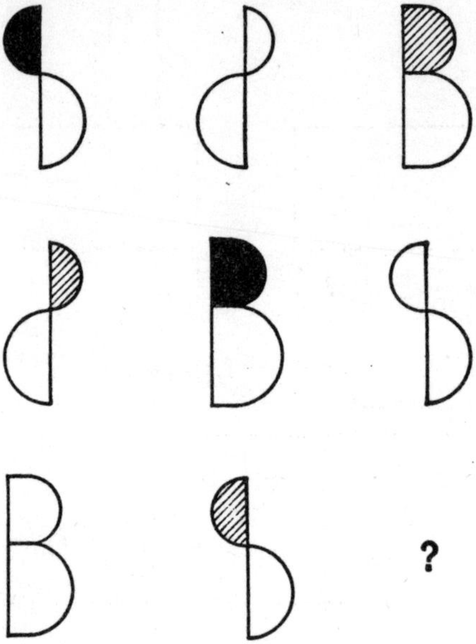

1 2 3 4

2. Setzen Sie das Wort ein, mit dem das erste Wort endet und das zweite beginnt.
INDIVIDU (. .) SONST

3. Setzen Sie die fehlende Zahl ein.

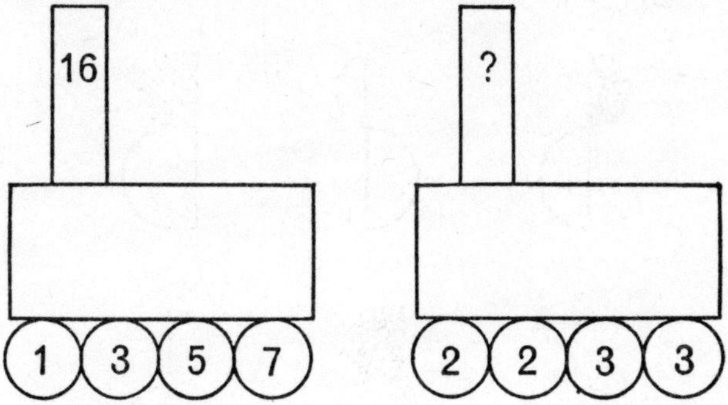

4. Suchen Sie aus den sechs numerierten Figuren die richtige heraus.

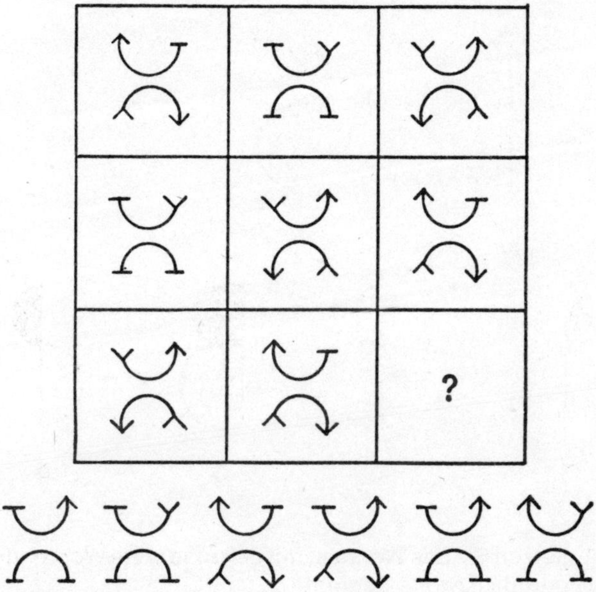

1 2 3 4 5 6

5. Unterstreichen Sie das Wort, das nicht dazu paßt.
   BEUTA
   SUMMT
   DLINB
   MAHL

6. Setzen Sie das fehlende Wort ein.
   ZIEGE (GELL) PILLE
   UNTAT (. . . .) ULMEN

7. Setzen Sie die fehlende Zahl ein.
   143 (56) 255
   218 ( ) 114

8. Setzen Sie die fehlende Zahl ein.
   6 10 18 34 ?

9. Unterstreichen Sie das Wort, das nicht dazu paßt.
   URRUPP
   SELE
   ZURAN
   VIELTOT

10. Setzen Sie die fehlende Zahl ein.

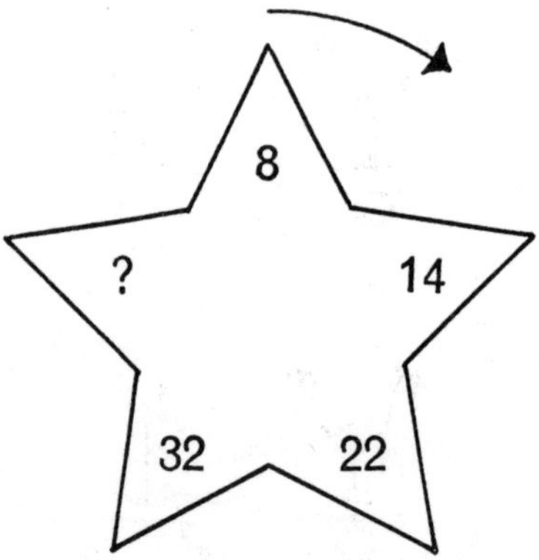

11. Suchen Sie aus den sechs numerierten Figuren die richtige heraus.

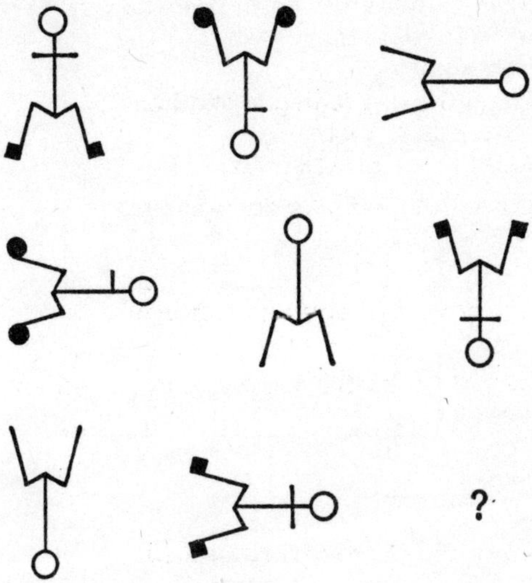

1

2

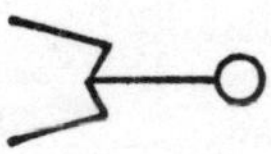

3

4

5

6

12. Setzen Sie den fehlenden Buchstaben ein.
    R T P R N P ?

13. Setzen Sie das Wort ein, mit dem das erste Wort endet und das zweite beginnt.
    KL (. . .) HEIT

14. Suchen Sie aus den sechs numerierten Figuren die richtige heraus.

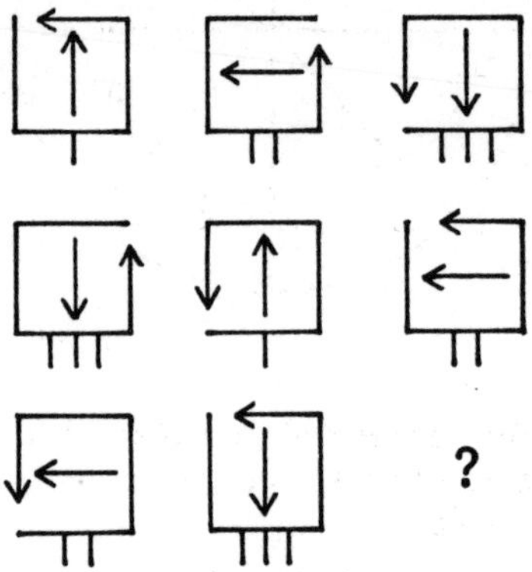

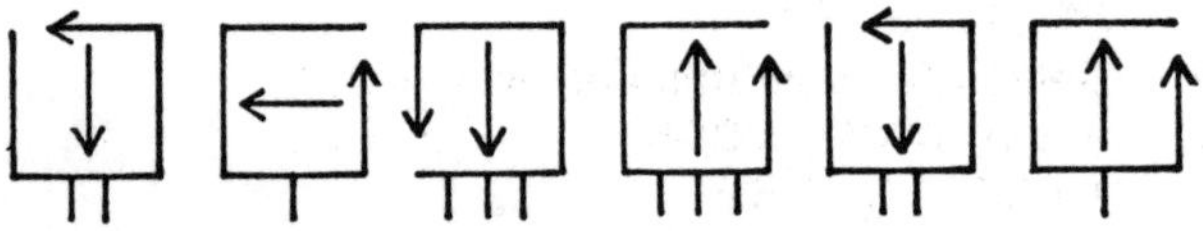

1 2 3 4 5 6

15. Setzen Sie die fehlende Zahl ein.
    148 (110) 368
    243 ( ) 397

16. Setzen Sie die fehlende Zahl ein.
    18 25 4
    16 20 3
    6 15 ?

17. Setzen Sie die fehlenden Buchstaben ein.

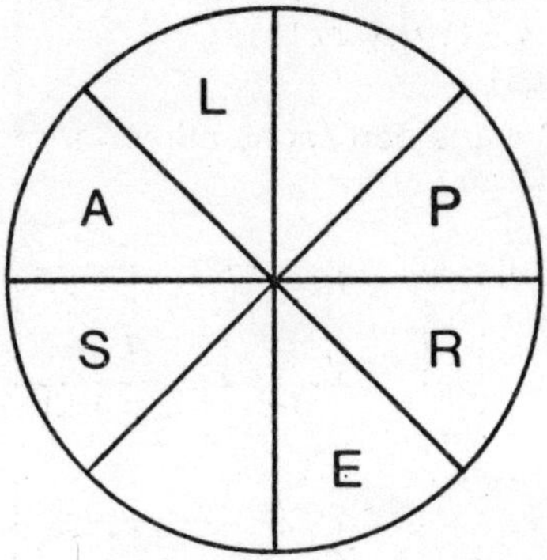

18. Setzen Sie das Wort ein, mit dem das erste Wort endet und das zweite beginnt.
AN (. . . . .) EL

19. Setzen Sie die fehlende Zahl ein.
437 (410) 642
541 (   ) 783

20. Setzen Sie das fehlende Wort ein.
ETWA (ATOM) MOOS
LAUB (. . . .) TORE

21. Setzen Sie die fehlende Zahl ein.
0 3 8 15 ?

22. Unterstreichen Sie das Wort, das nicht dazu paßt.
SÜSEN
RAUBET
MEPLAUF
REHWEGE

23. Setzen Sie das Wort ein, das dieselbe Bedeutung hat wie die beiden Wörter außerhalb der Klammer.
BETRUNKEN (. . . .) FARBE

24. Suchen Sie aus den sechs numerierten Figuren die richtige heraus.

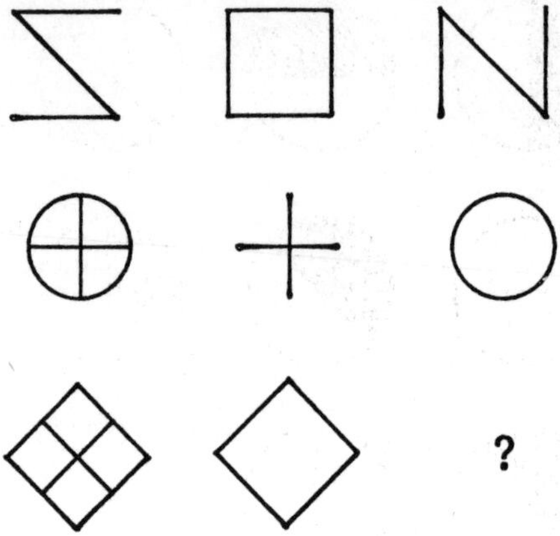

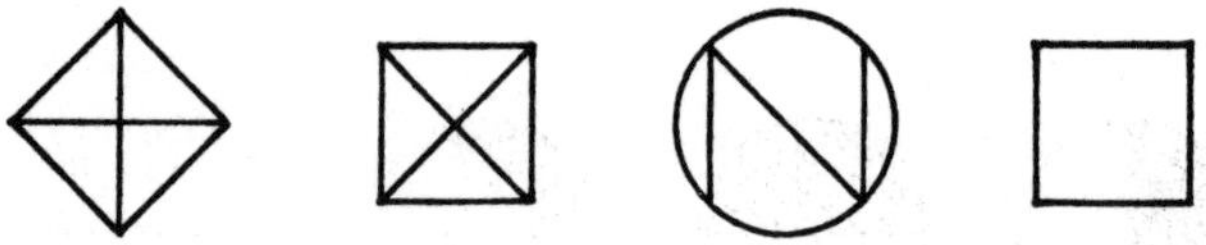

1 2 3 4

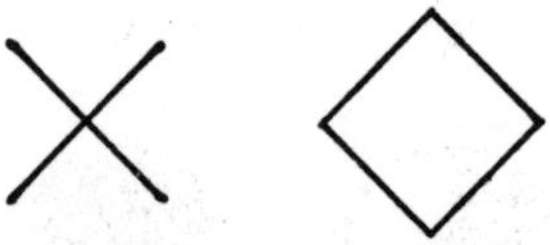

5 6

25. Setzen Sie das fehlende Wort ein.
PENG (NEID) ERDIG
LANG (. . . .) BIESE

26. Setzen Sie die fehlende Zahl ein.
1 8 16 25 ?

27. Suchen Sie aus den sechs numerierten Figuren die richtige heraus.

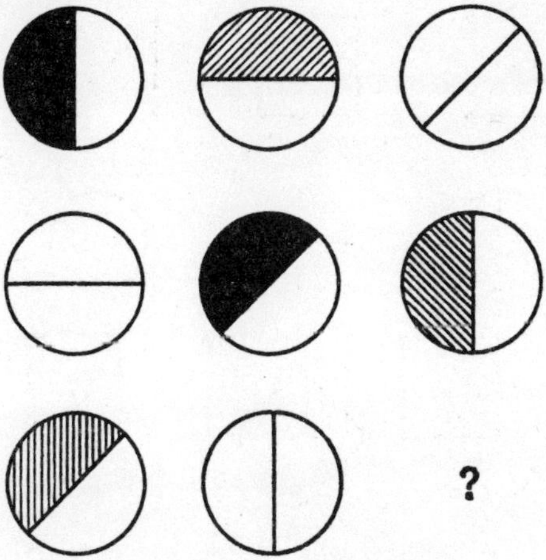

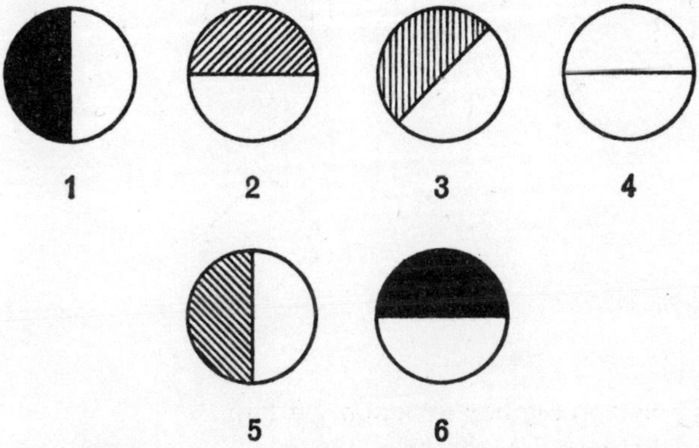

28. Setzen Sie das Wort ein, das dieselbe Bedeutung hat wie die beiden Wörter außerhalb der Klammer.
INSTRUMENT (. . . . . .) SCHWINGEN

29. Setzen Sie den fehlenden Buchstaben ein.
A D G
D I N
I P ?

30. Suchen Sie aus den sechs numerierten Figuren die richtige heraus.

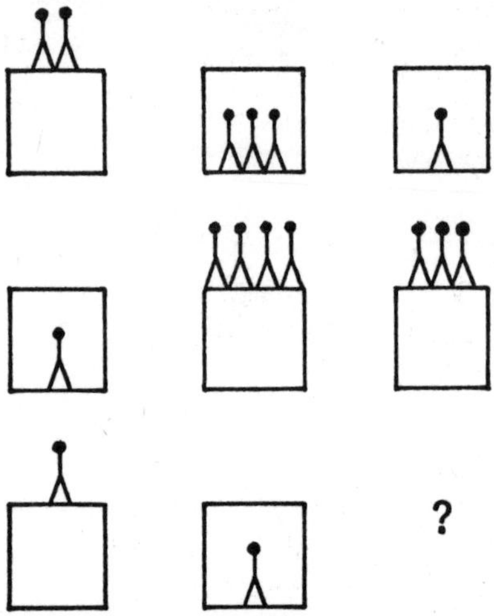

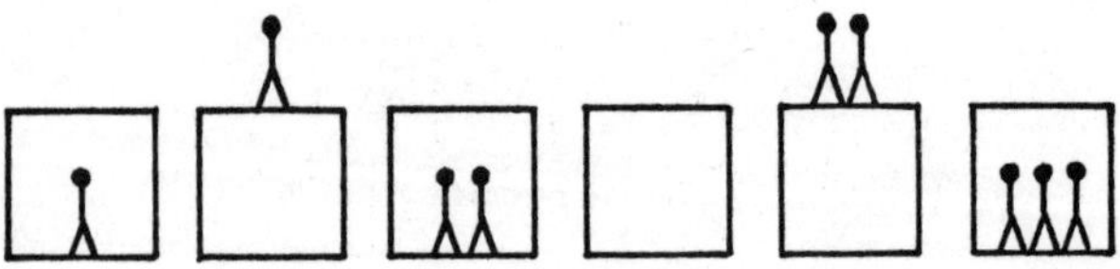

1 2 3 4 5 6

31. Suchen Sie aus den sechs numerierten Figuren die richtige heraus.

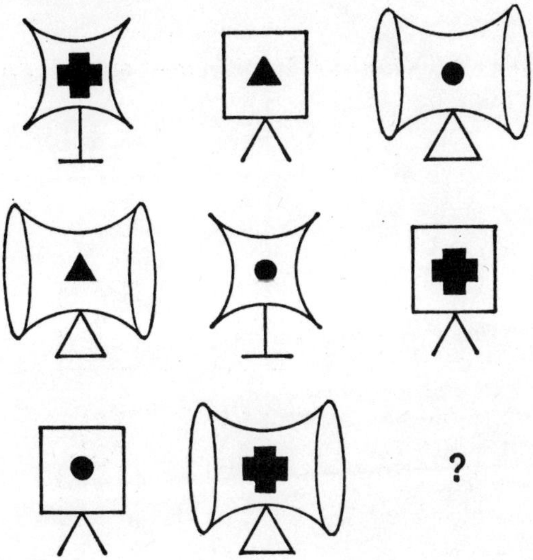

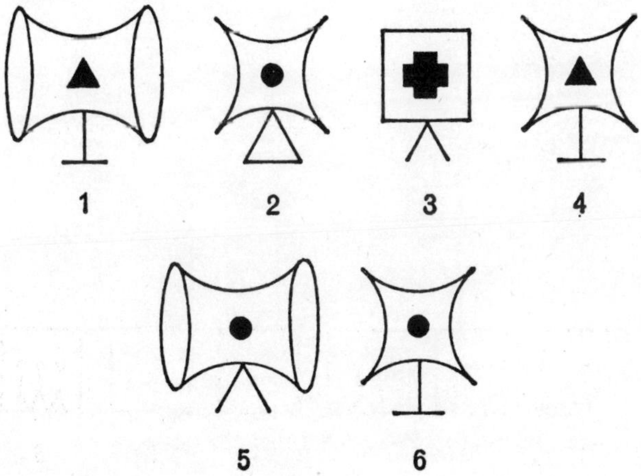

32. Setzen Sie die fehlenden Buchstaben ein.

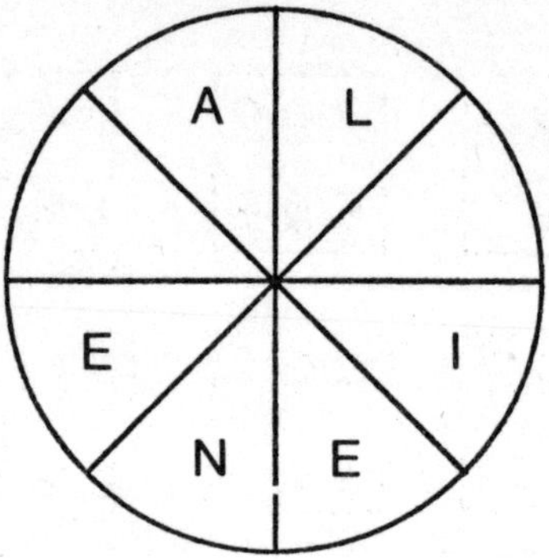

33. Setzen Sie das fehlende Wort ein.
MOOSE (OMAS) AASEN
ECHOS (. . . .) RABEN

34. Unterstreichen Sie das Wort, das nicht dazu paßt.
DILB
ÄLGMEDE
MENAG
OFTO

35. Setzen Sie die fehlenden Buchstaben ein.

A	G	M	?
D	J	P	?

36. Setzen Sie das Wort ein, das dieselbe Bedeutung hat wie die beiden Wörter außerhalb der Klammer.
GEHÖRLOSE (. . . . .) VOGEL

37. Suchen Sie aus den sechs numerierten Figuren die richtige heraus.

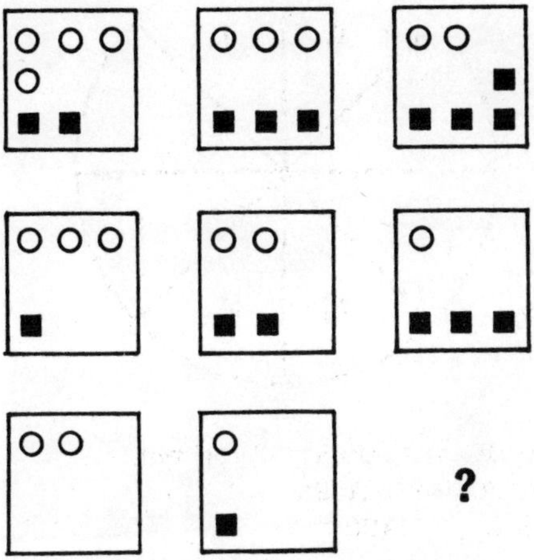

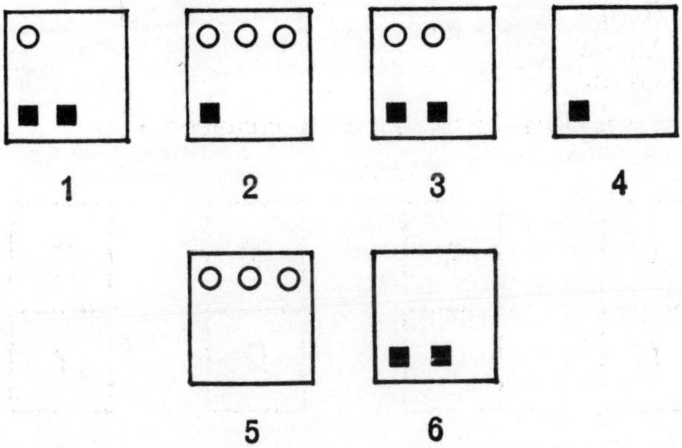

38. Setzen Sie die fehlende Zahl ein.
42 (44) 38
23 ( ) 28

39. Suchen Sie aus den sechs numerierten Figuren die richtige heraus.

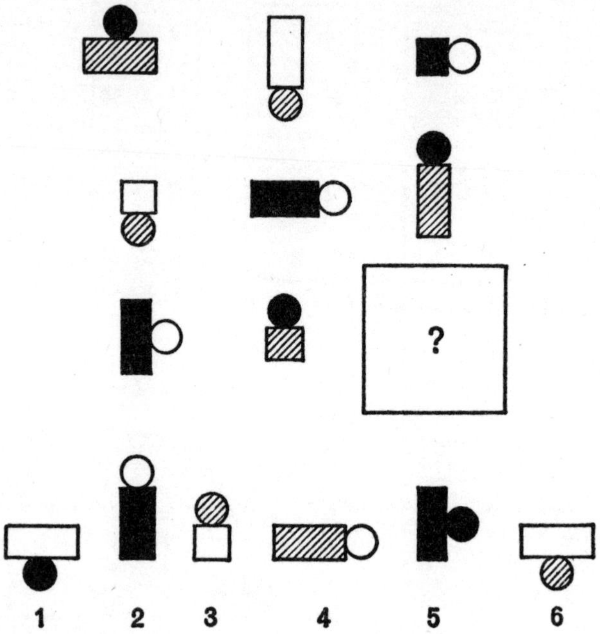

40. Setzen Sie das fehlende Wort ein.
RASEN (SARG) ANWEG
IHNEN (. . . .) EHREN

Test drei

1. Suchen Sie aus den vier numerierten Figuren die richtige heraus.

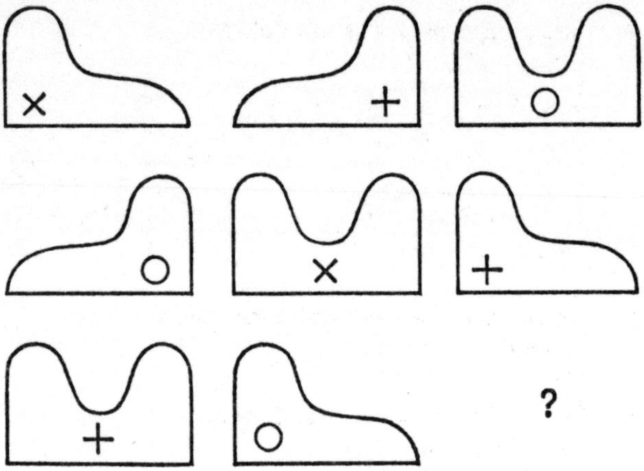

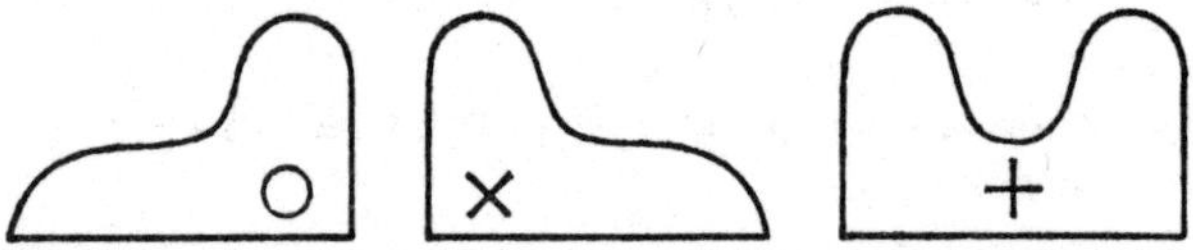

1 2 3

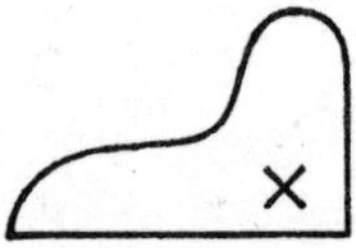

4

2. Unterstreichen Sie das Wort, das nicht dazu paßt.
CHEHT
ENGHIR
IFIHASCH
RÖTERST

3. Setzen Sie das Wort ein, mit dem das erste Wort endet und das zweite beginnt.
DES (. . . .) IEREN

4. Setzen Sie die fehlende Zahl ein.

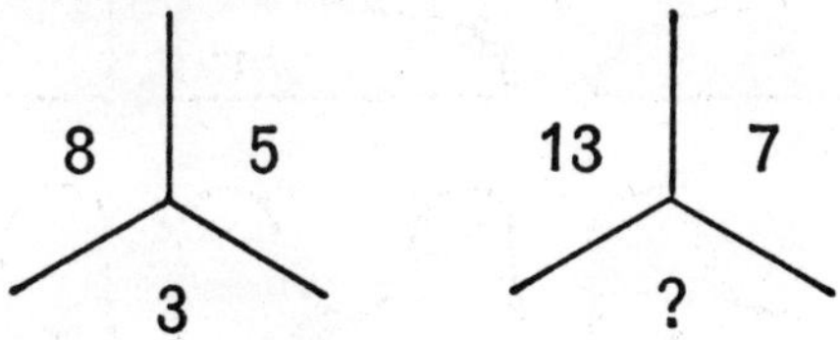

5. Setzen Sie das fehlende Wort ein.
MOORE (ROSE) MÄUSE
KNIFF (. . . .) GABEL

6. Setzen Sie die fehlende Zahl ein.
651 (331) 342
449 ( ) 523

7. Setzen Sie die fehlende Zahl ein.
8 12 24 60 ?

8. Setzen Sie den fehlenden Buchstaben ein.
B F K Q ?

9. Setzen Sie die fehlende Zahl ein.

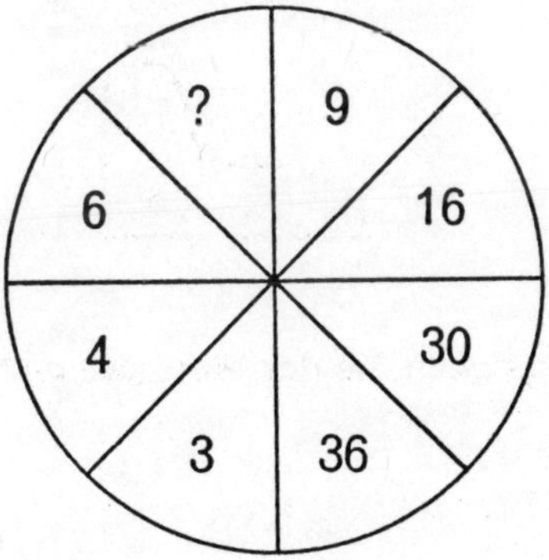

10. Suchen Sie aus den sechs numerierten Figuren die richtige heraus.

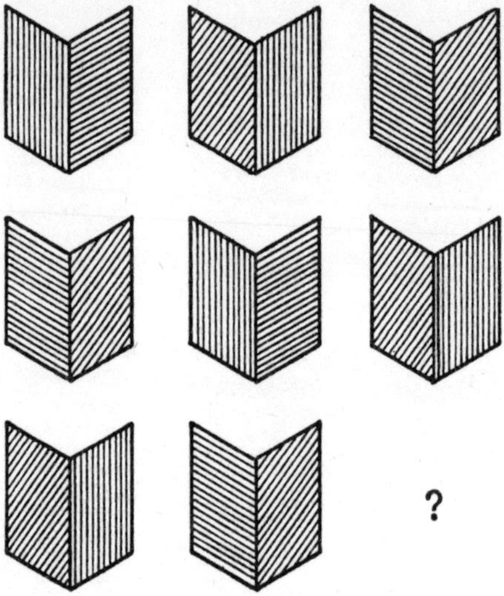

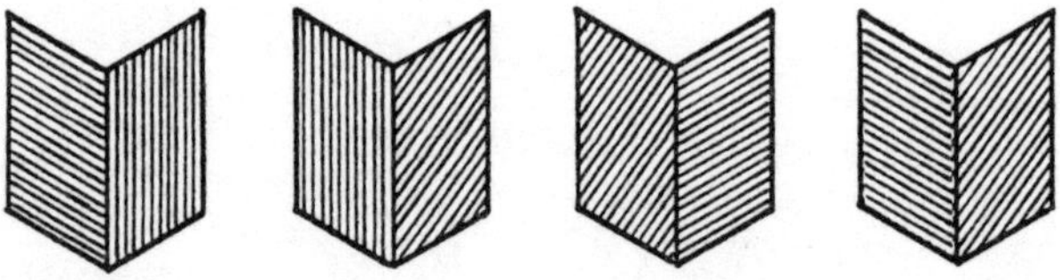

1 2 3 4

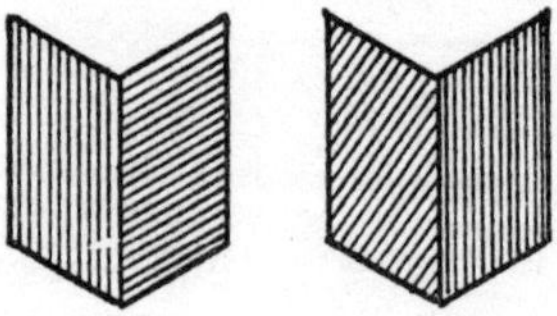

5 6

11. Suchen Sie aus den sechs numerierten Figuren die richtige heraus.

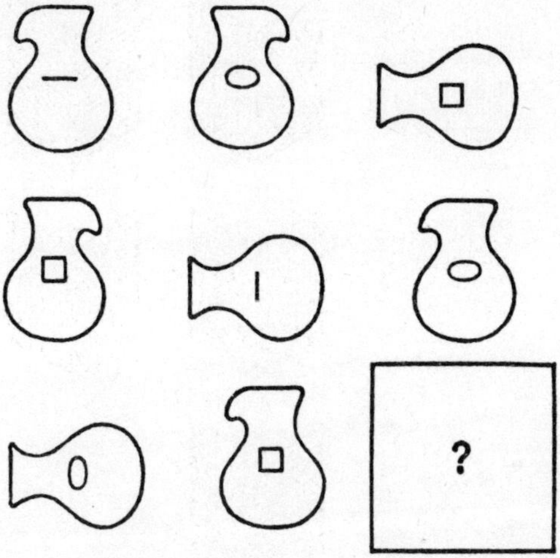

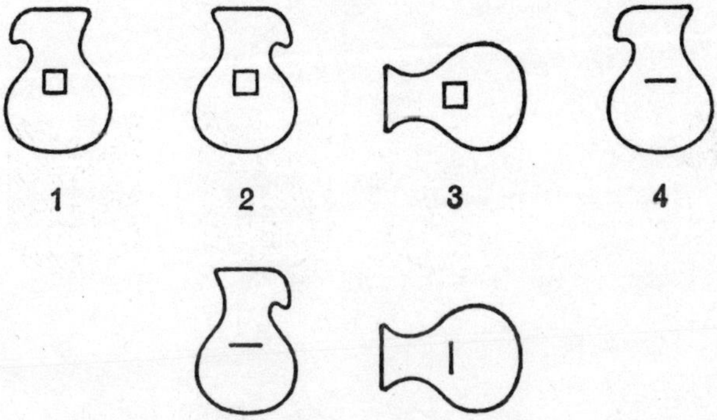

12. Setzen Sie das Wort ein, mit dem das erste Wort endet und das zweite beginnt.
T (. . . . .) ITÄT

13. Unterstreichen Sie das Wort, das nicht dazu paßt.
AGENT
BEGEISTERUNG
CHOR
LIEBE
DECKE

14. Setzen Sie die fehlende Zahl ein.
96 (16) 12
88 ( ) 11

15. Setzen Sie die fehlenden Buchstaben ein.

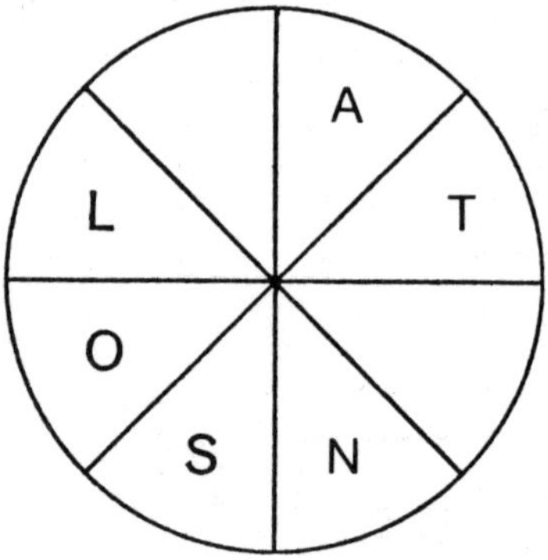

16. Setzen Sie die fehlende Zahl ein.
2 10 4
3 17 5
3 ? 4

17. Setzen Sie das Wort ein, mit dem das erste Wort endet und das zweite beginnt.
ZW (. .) SEN

18. Setzen Sie die fehlende Zahl ein.
98 (54) 64
81 ( ) 36

19. Suchen Sie aus den sechs numerierten Figuren die richtige heraus.

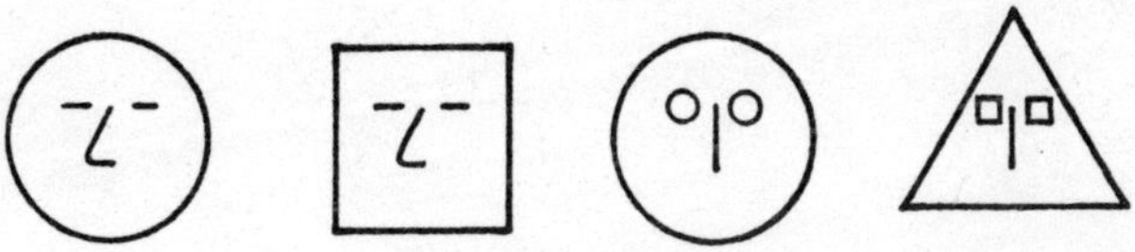

1 2 3 4

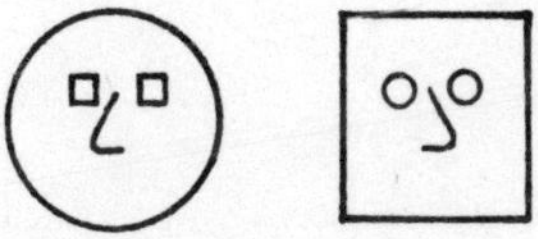

5 6

20. Setzen Sie das fehlende Wort ein.
PAARE (AALE) ALBEN
FLACH (. . . .) OTTER

21. Suchen Sie aus den sechs numerierten Figuren die richtige heraus.

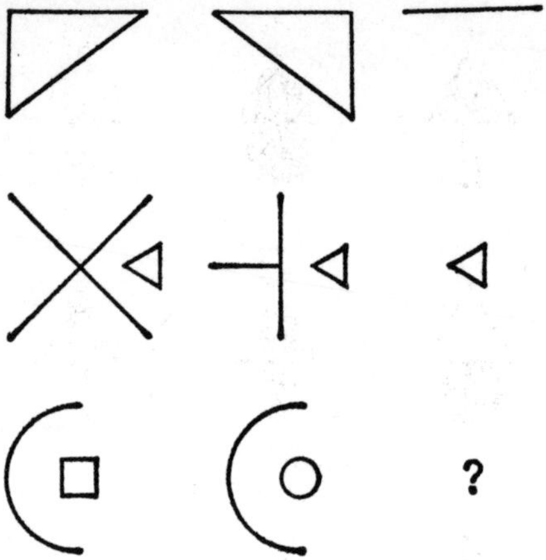

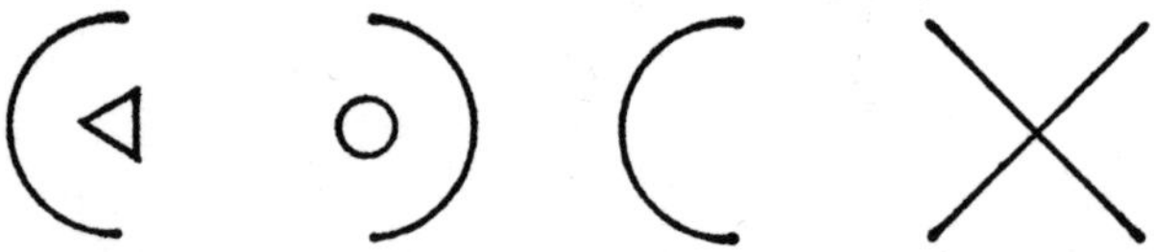

1 2 3 4

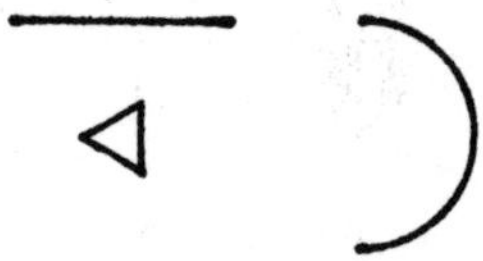

5 6

22. Unterstreichen Sie das Wort, das nicht dazu paßt.
WILSCHAF
HUSCH
FEILEST
SECKO

23. Suchen Sie aus den sechs numerierten Figuren die richtige heraus.

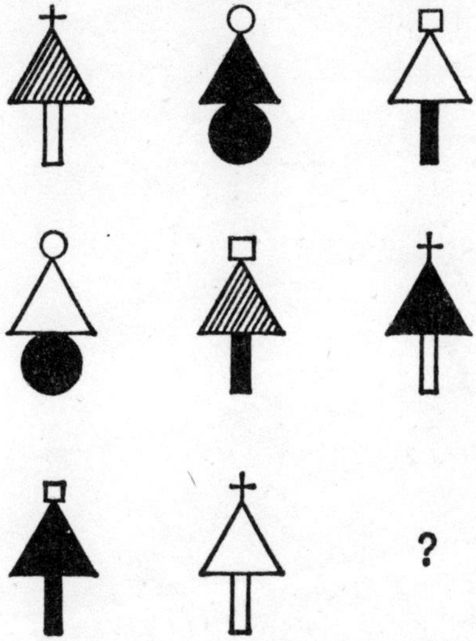

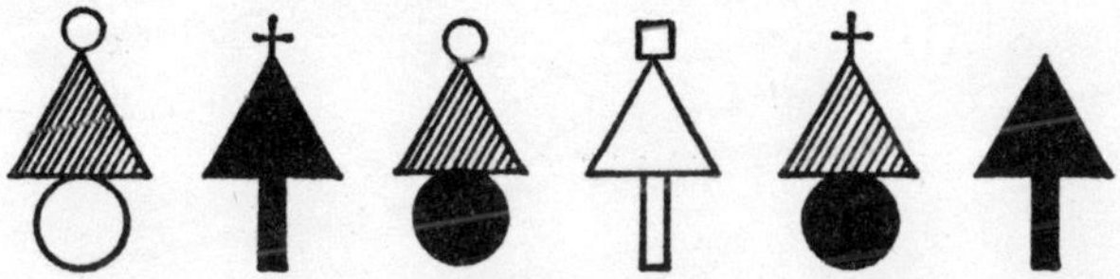

1 2 3 4 5 6

24. Setzen Sie das Wort ein, das dieselbe Bedeutung hat wie die beiden Wörter außerhalb der Klammer.
SPRECHEN (. . . . .) GESCHICHTEN

25. Setzen Sie den fehlenden Buchstaben ein.
C F I
D H L
E J ?

26. Suchen Sie aus den sechs numerierten Figuren die richtige heraus.

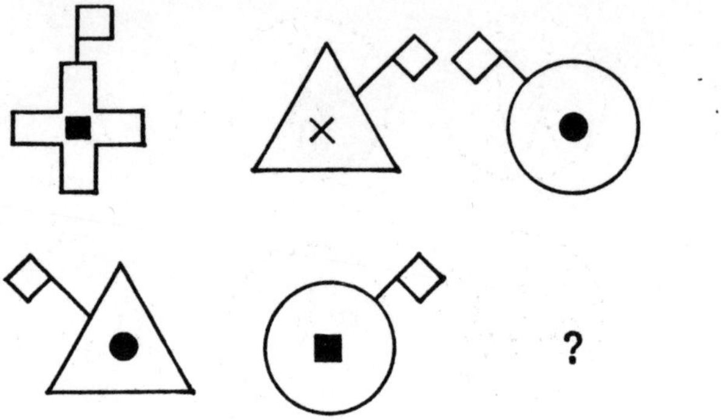

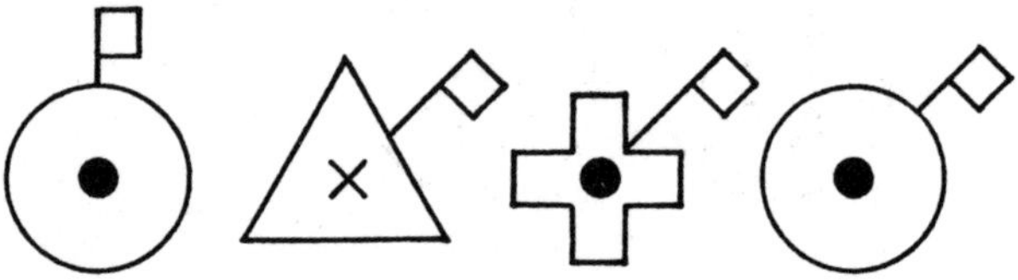

1 2 3 4

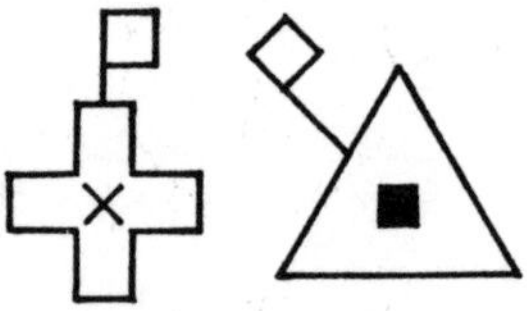

5 6

27. Setzen Sie die fehlende Zahl ein.
2 8 5 6 8 ? 11

28. Setzen Sie das fehlende Wort ein.
ACKER (KEIL) PILLE
GLATT (. . . .) MEMME

29. Suchen Sie aus den sechs numerierten Figuren die richtige heraus.

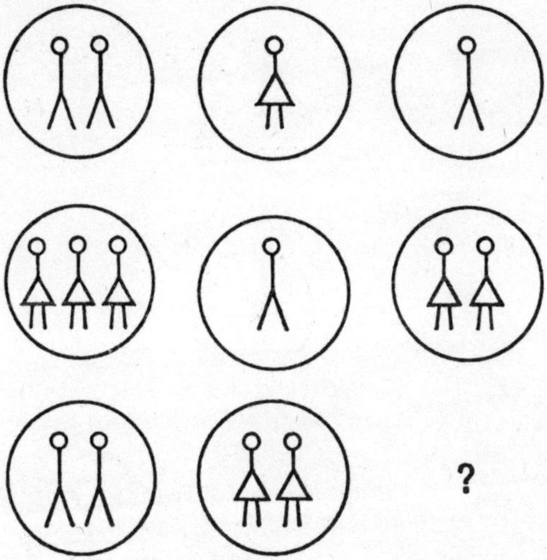

1

2

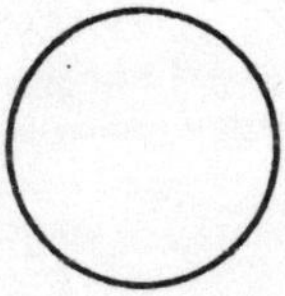

3

4

5

6

30. Setzen Sie die fehlenden Buchstaben ein.

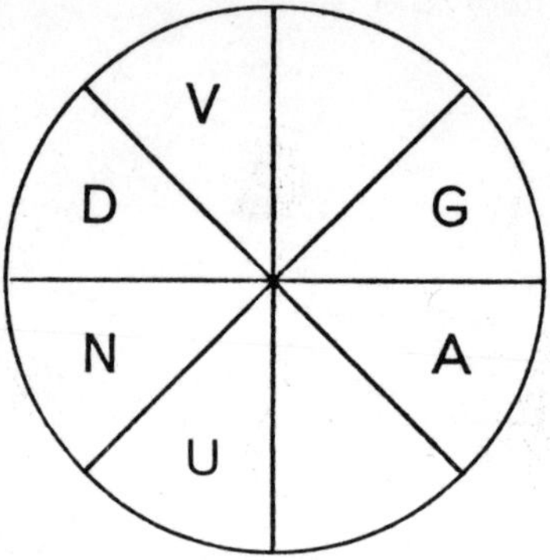

31. Setzen Sie das Wort ein, das dieselbe Bedeutung hat wie die beiden Wörter außerhalb der Klammer.
SPORTLER (. . . . . .) TEPPICH

32. Setzen Sie die fehlende Zahl ein.
82 97 114 133 ?

33. Setzen Sie das fehlende Wort ein.
MUND (LUMP) LUPE
TOPF (. . . .) GÜTE

34. Unterstreichen Sie das Wort, das nicht dazu paßt.
PELFA
ANANEB
MACHENSI
APERGRUFTI

35. Setzen Sie die fehlende Zahl und den fehlenden Buchstaben ein.

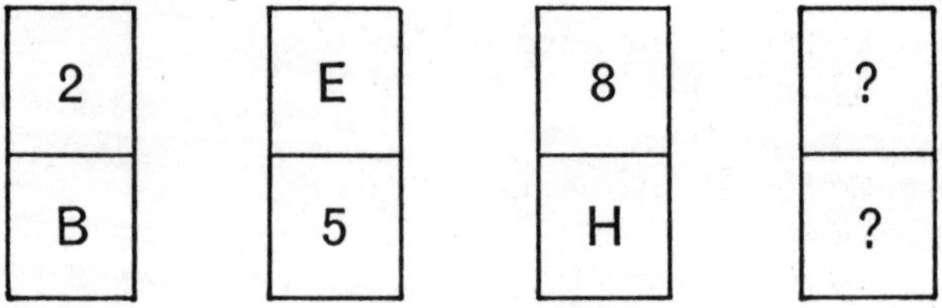

36. Suchen Sie aus den sechs numerierten Figuren die richtige heraus.

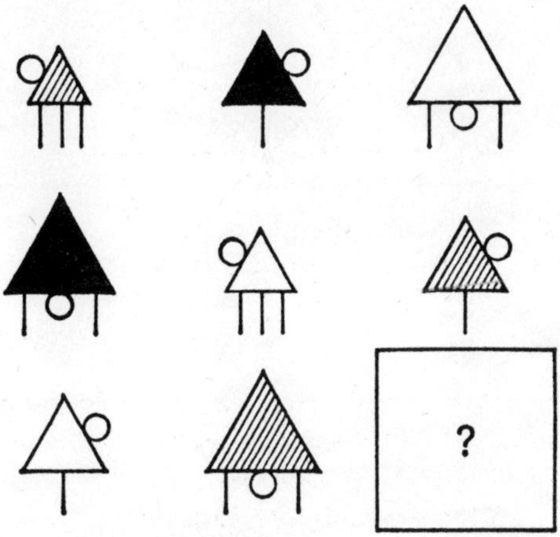

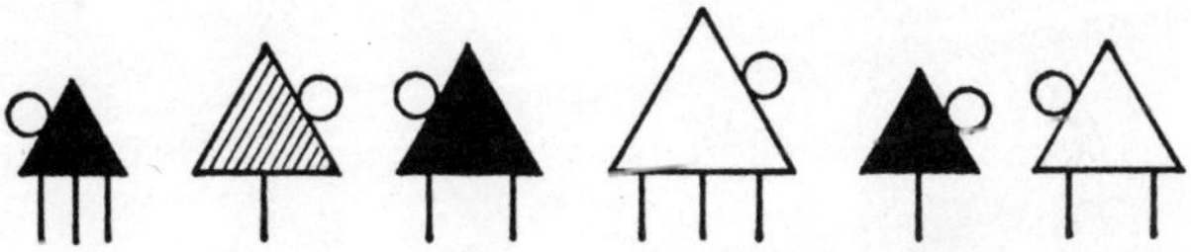

1 2 3 4 5 6

37. Setzen Sie das Wort ein, das dieselbe Bedeutung hat wie die beiden Wörter außerhalb der Klammer.
LOS (. . .) STRASSE

38. Setzen Sie die fehlende Zahl ein.
16 (93) 15
14 ( ) 12

39. Setzen Sie das fehlende Wort ein.
TIER (TEER) LEER
TUBE (. . . .) BORD

40. Suchen Sie aus den sechs numerierten Figuren die richtige heraus.

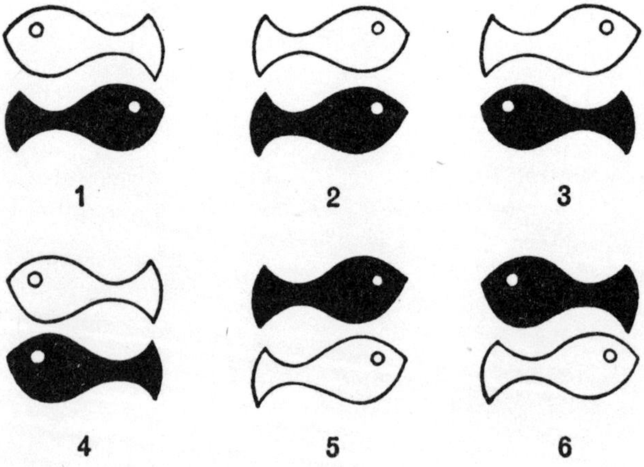

Test vier

1. Suchen Sie aus den vier numerierten Figuren die richtige heraus.

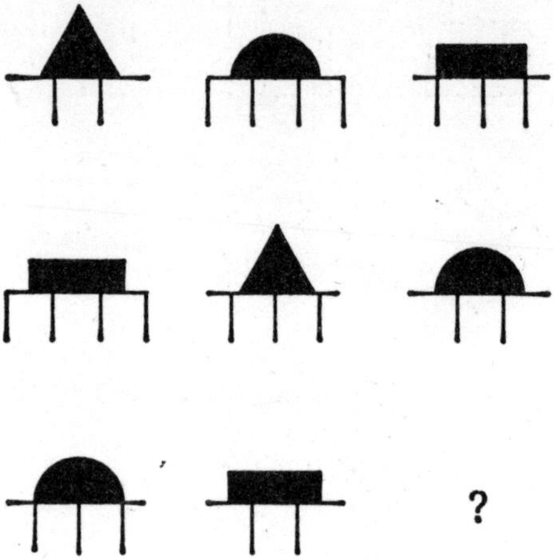

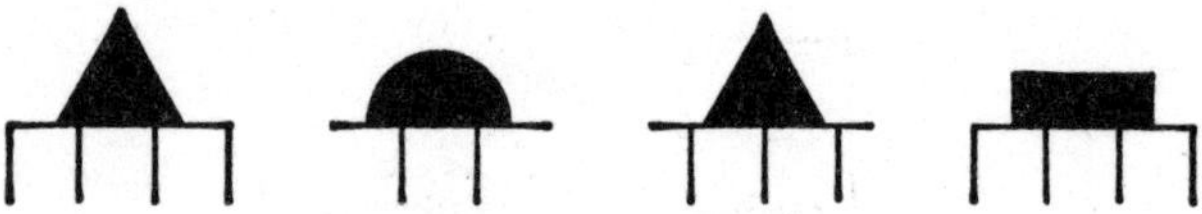

1 2 3 4

2. Setzen Sie das Wort ein, mit dem das erste Wort endet und das zweite beginnt.
   MELO (. . .) LE
3. Unterstreichen Sie das Wort, das nicht dazu paßt.
   NISOB
   PLEHOTEN
   BARZE
   TRIEG
4. Setzen Sie das fehlende Wort ein.
   QUELL (LUST) TASSE
   QUOTE (. . . .) ALBEN

5. Suchen Sie aus den sechs numerierten Figuren die richtige heraus.

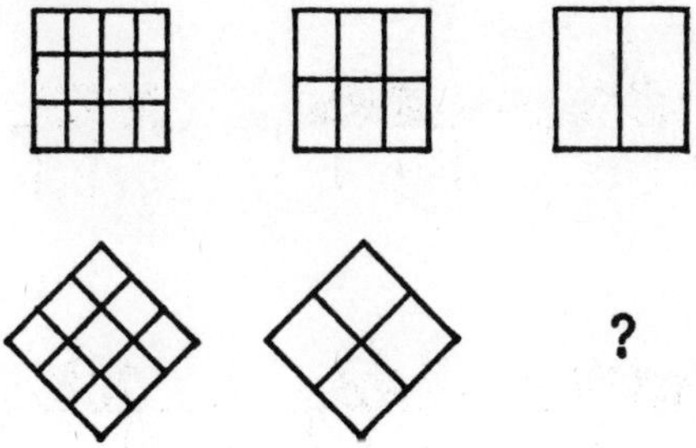

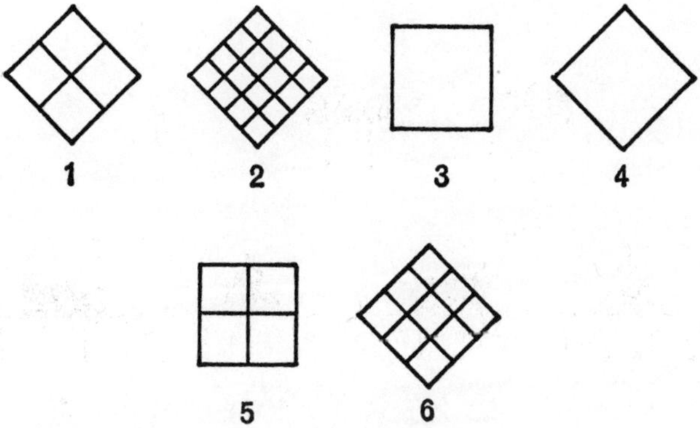

6. Setzen Sie die fehlende Zahl ein.
112 (190) 17
268 ( ) 107

7. Setzen Sie die fehlenden Zahlen ein.

5	10	10	17	?
8	7	13	14	?

8. Setzen Sie die fehlende Zahl ein.

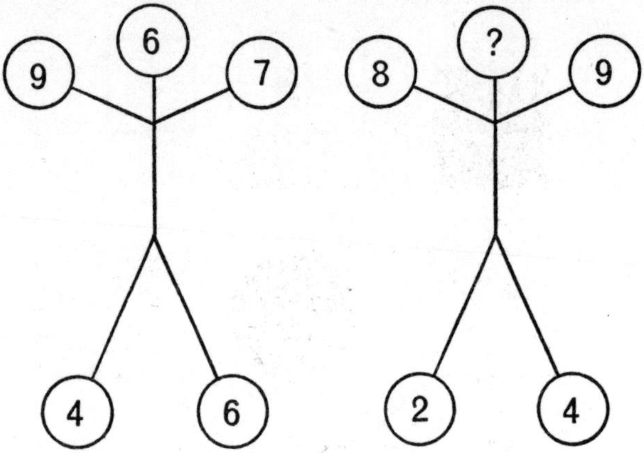

9. Setzen Sie die fehlende Zahl ein.
6 9 ? 24 36

10. Unterstreichen Sie das Wort, das nicht dazu paßt.
SANE
PEIPRA
ERATELSCHIFFE
TEMPARGEN

11. Setzen Sie die fehlenden Buchstaben ein.

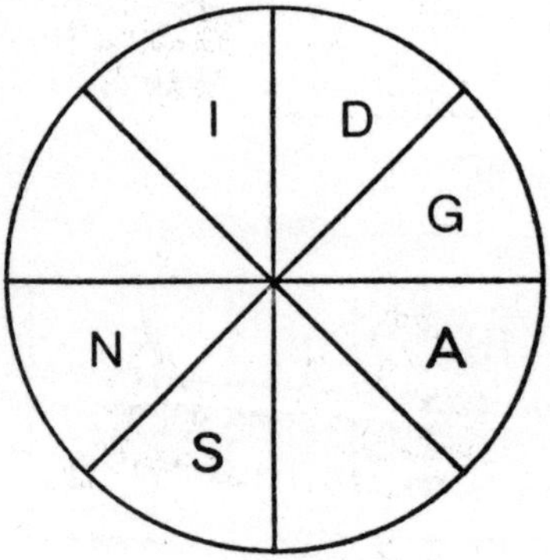

12. Suchen Sie aus den sechs numerierten Figuren die richtige heraus.

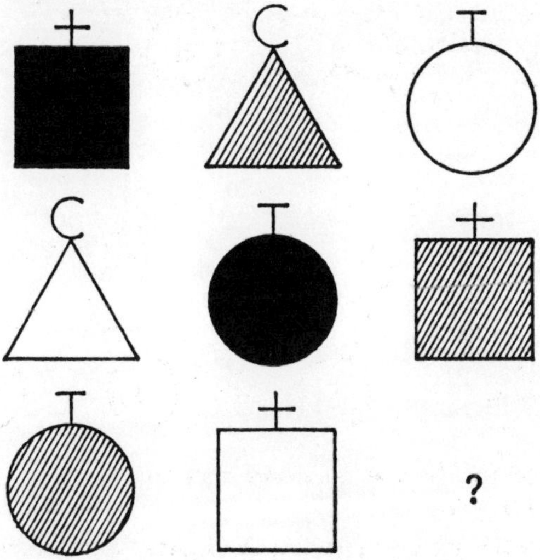

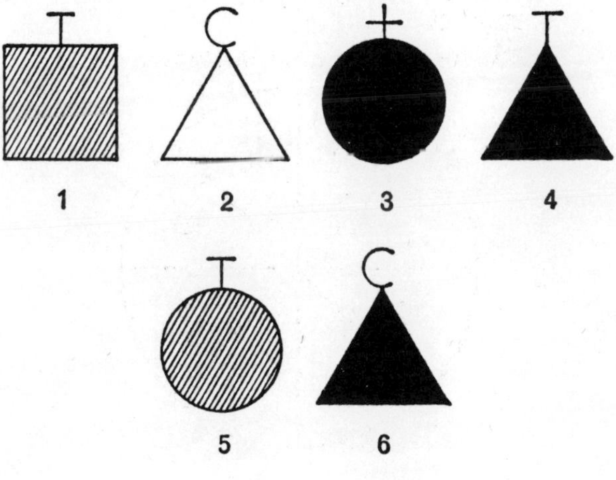

13. Setzen Sie den fehlenden Buchstaben ein.
S P L G ?

14. Suchen Sie aus den sechs numerierten Figuren die richtige heraus.

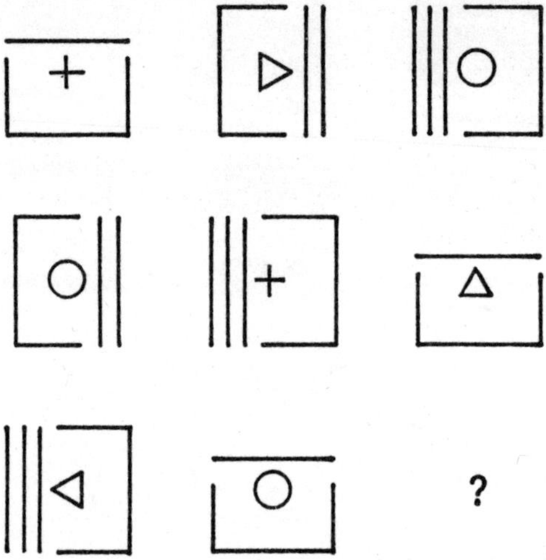

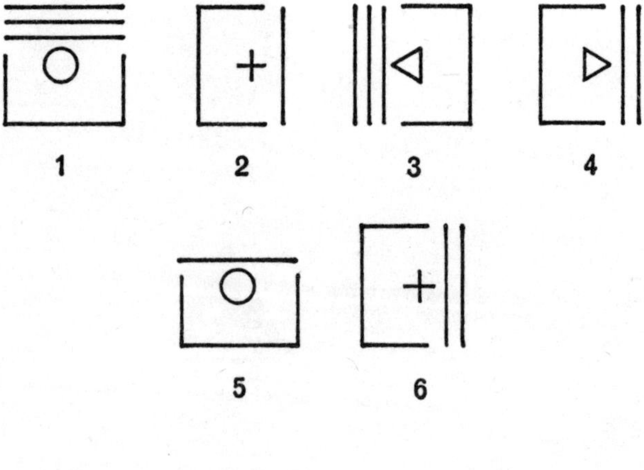

15. Setzen Sie die fehlende Zahl ein.
16 (96) 12
10 ( ) 15

16. Setzen Sie das Wort ein, mit dem das erste Wort endet und das zweite beginnt.
KOM (. . . .) IEREN

17. Setzen Sie die fehlende Zahl ein.
4 1 2
2 6 3
3 2 ?

18. Suchen Sie aus den sechs numerierten Figuren die richtige heraus.

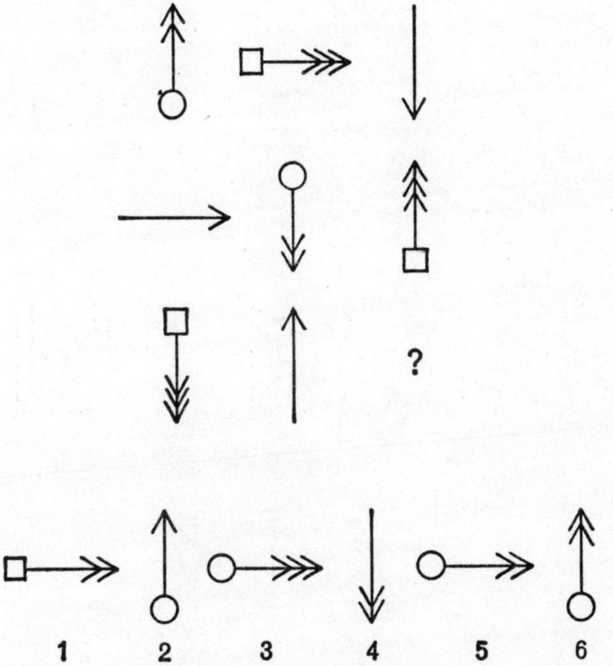

19. Setzen Sie die fehlende Zahl ein.
2 5 26 ?

20. Suchen Sie aus den sechs numerierten Figuren die richtige heraus.

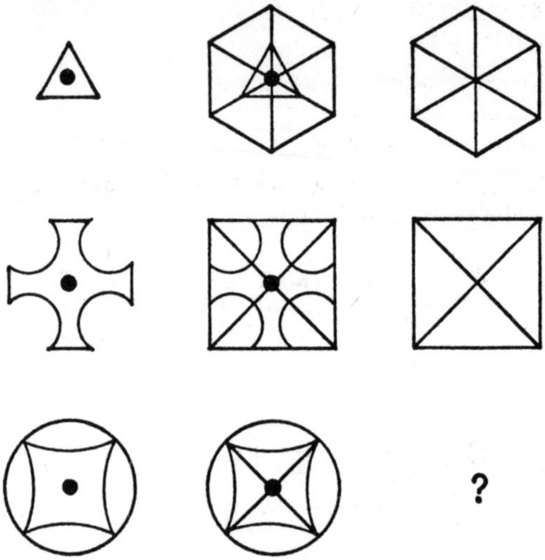

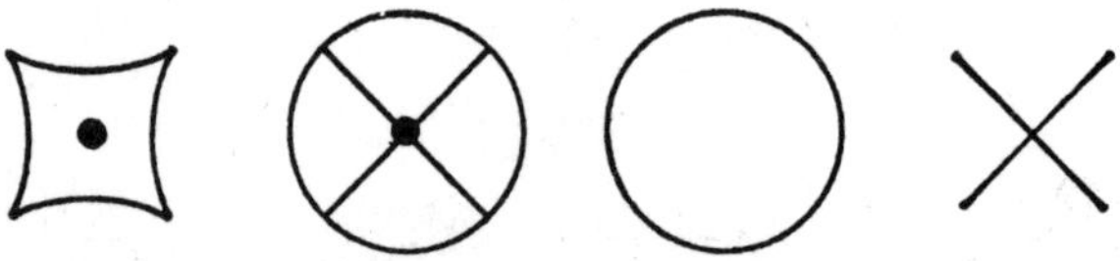

1 2 3 4

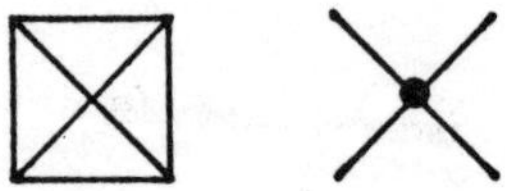

5 6

21. Setzen Sie das Wort ein, mit dem das erste Wort endet und das zweite beginnt.
DR (. .) FALL

22. Setzen Sie die fehlende Zahl ein.
41 (28) 27
83 ( ) 65

23. Setzen Sie das fehlende Wort ein.
SCHAL (HALT) TÄLER
URBAN (. . . .) DOLDE

24. Suchen Sie aus den sechs numerierten Figuren die richtige heraus.

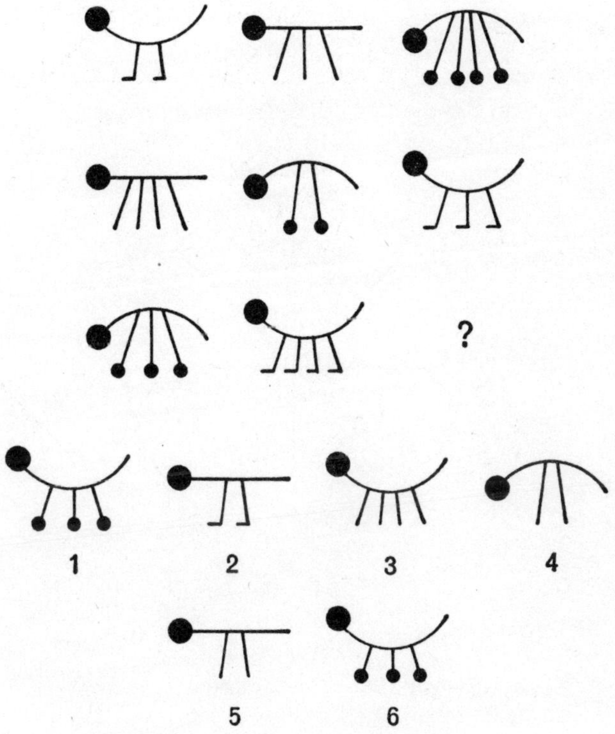

25. Setzen Sie das Wort ein, das dieselbe Bedeutung hat wie die beiden Wörter außerhalb der Klammer.
RESERVIEREN (. . . . . .) BÄUME

26. Setzen Sie den fehlenden Buchstaben ein.
A D G
G K O
O T ?

27. Unterstreichen Sie das Wort, das nicht dazu paßt.
SLUHT
SCHELME
SUMA
ROHNT

28. Setzen Sie das fehlende Wort ein.
GRÄTE (RÄTE) GÄSTE
RECHT (. . . .) ZACKE

29. Setzen Sie die fehlenden Buchstaben ein.

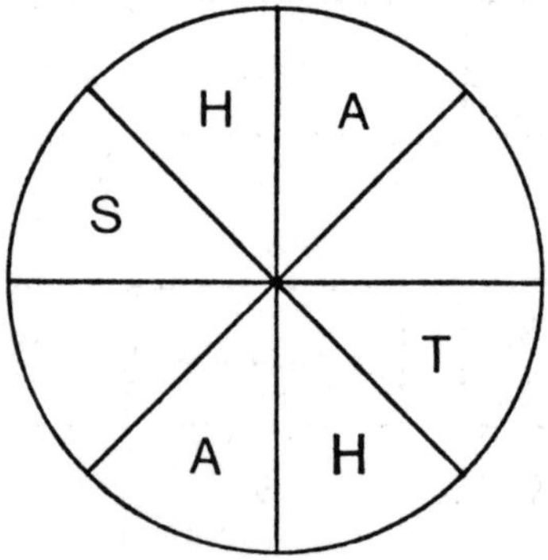

30. Setzen Sie die fehlende Zahl ein.
65 35 17 ?

31. Suchen Sie aus den sechs numerierten Figuren die richtige heraus.

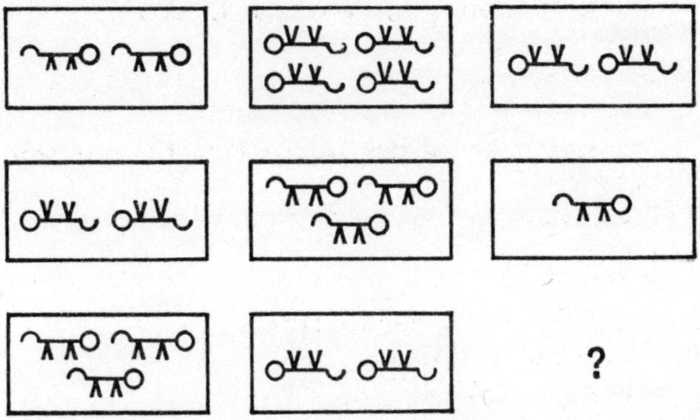

1

2

3

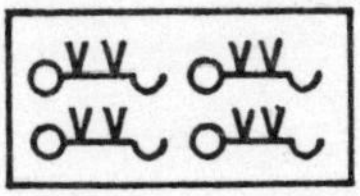

4

5

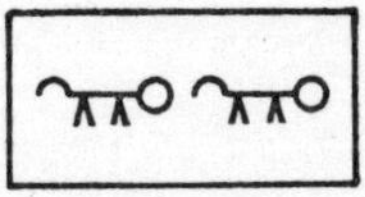

6

32. Setzen Sie das Wort ein, das dieselbe Bedeutung hat wie die beiden Wörter außerhalb der Klammer.
FAHRZEUG (. . . . . .) SUCHT

33. Setzen Sie das Wort ein, das dieselbe Bedeutung hat wie die beiden Wörter außerhalb der Klammer.
NACKT (. . . . .) NUR

34. Unterstreichen Sie das Wort, das nicht dazu paßt.
SENA
DMUN
FICHS
EGNAM
DÄHNE

35. Setzen Sie das fehlende Wort ein.
QUITT (TURM) EIMER
QUALM (. . . .) ZWECK

36. Suchen Sie aus den sechs numerierten Figuren die richtige heraus.

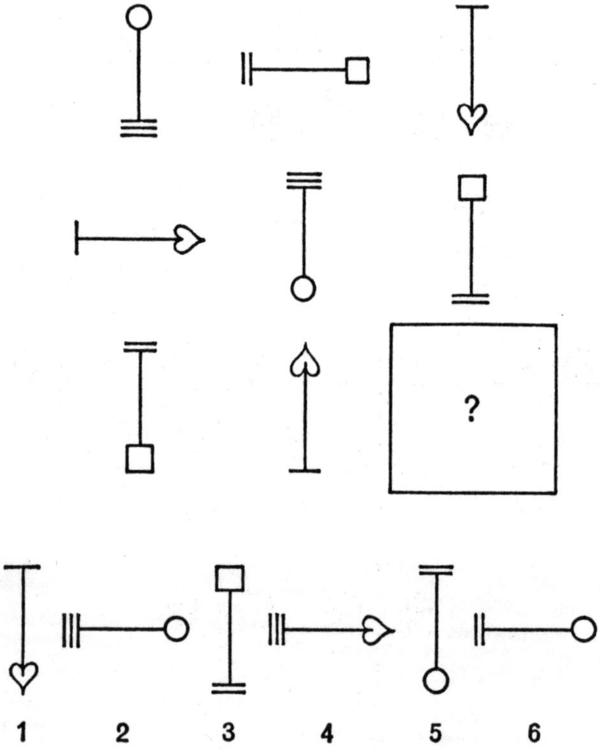

37. Suchen Sie aus den sechs numerierten Figuren die richtige heraus.

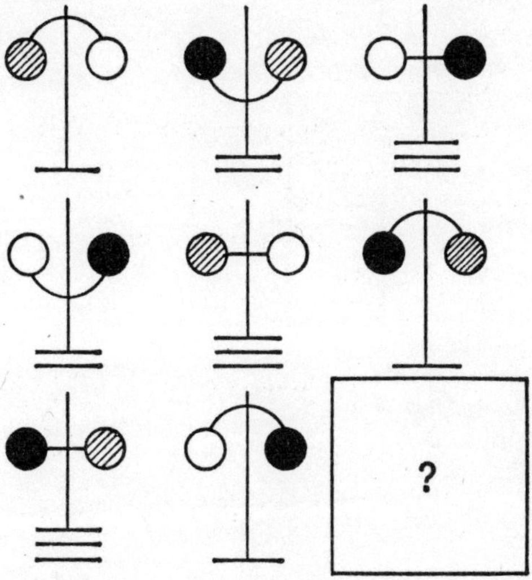

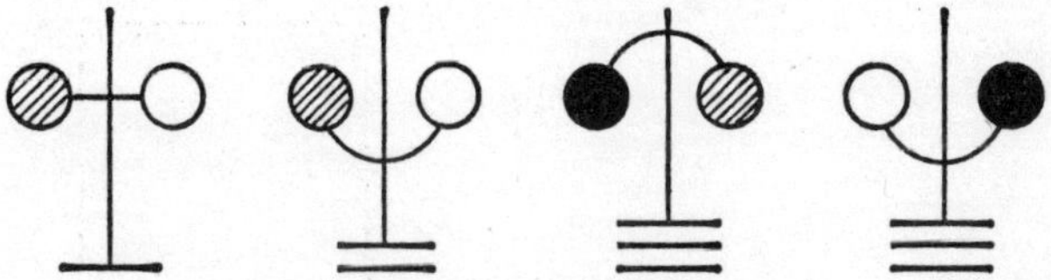

1 2 3 4

5 6

38. Setzen Sie das fehlende Wort ein.
HAND (HULD) KULT
SAAT (. . . .) NEID

39. Setzen Sie die fehlende Zahl und den fehlenden Buchstaben ein.

4	F	11	?
C	7	J	?

40. Setzen Sie die fehlende Zahl ein.
8 8 6 2 ?

Test fünf

1. Suchen Sie aus den vier numerierten Figuren die richtige heraus.

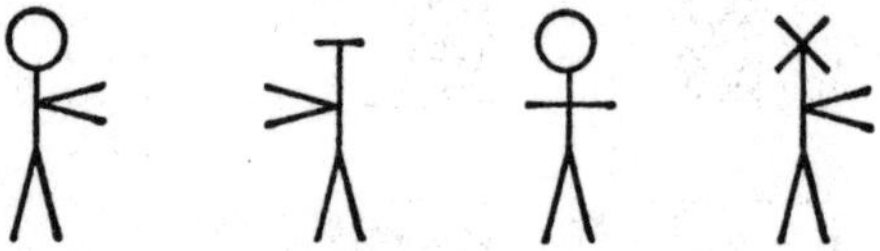

1 2 3 4

2. Setzen Sie das Wort ein, mit dem das erste Wort endet und das zweite beginnt.
   WETT (. .) EMIT
3. Unterstreichen Sie das Wort, das nicht dazu paßt.
   INFEN
   GIDONI
   ZWARSCH
   SIWES

4. Finden Sie die fehlende Zahl.

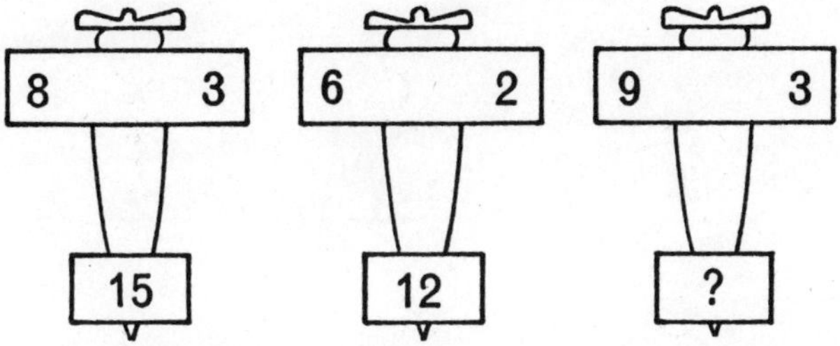

5. Suchen Sie aus den sechs numerierten Figuren die richtige heraus.

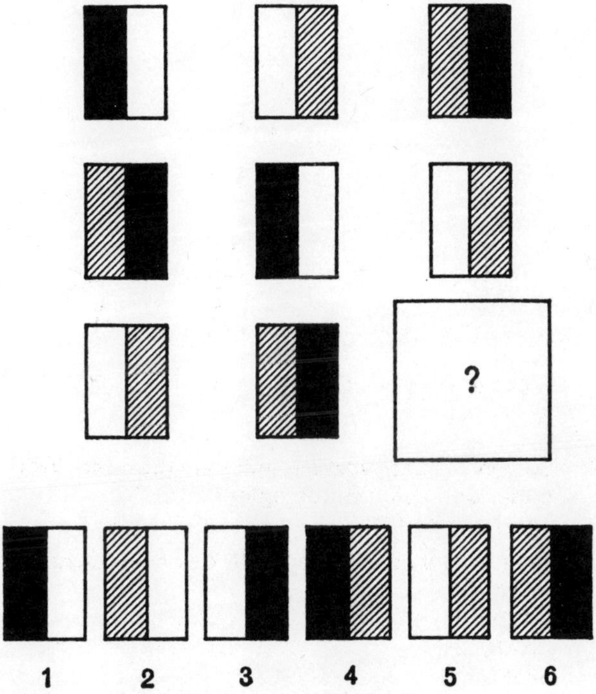

6. Setzen Sie die fehlende Zahl ein.
   5 7 4 6 3 ?

7. Suchen Sie aus den sechs numerierten Figuren die richtige heraus.

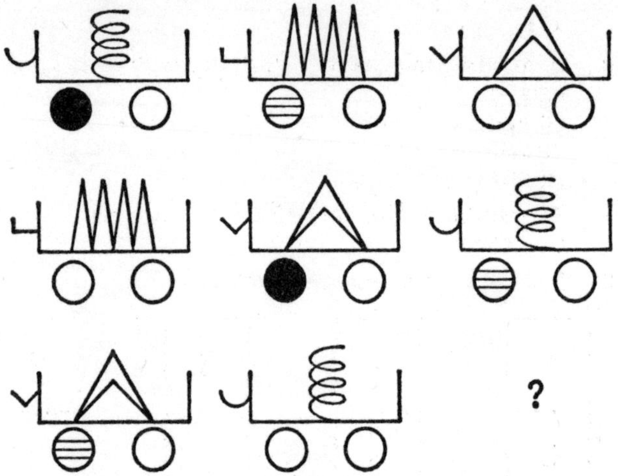

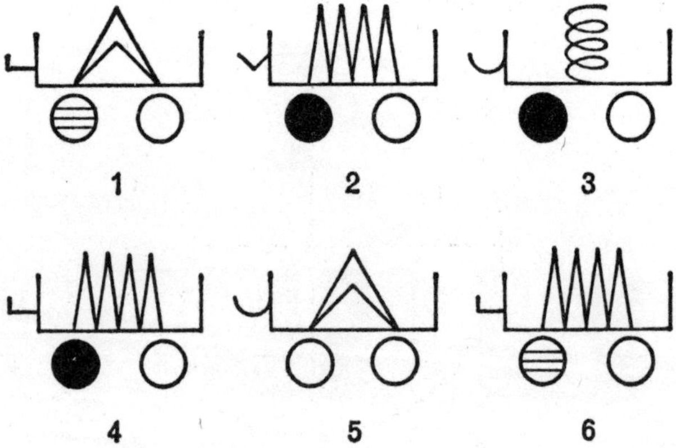

8. Setzen Sie das fehlende Wort ein.
STUCK (KULI) GRILL
FLIES (. . . .) IDOLE

9. Setzen Sie die fehlende Zahl ein.
368 (9) 215
444 ( ) 182

10. Unterstreichen Sie das Wort, das nicht dazu paßt.
FEISTBLIT
FERKELEID
ERDEKI
MÜRREW

11. Setzen Sie den fehlenden Buchstaben ein.
B E I N ?

12. Setzen Sie die fehlenden Zahlen ein.

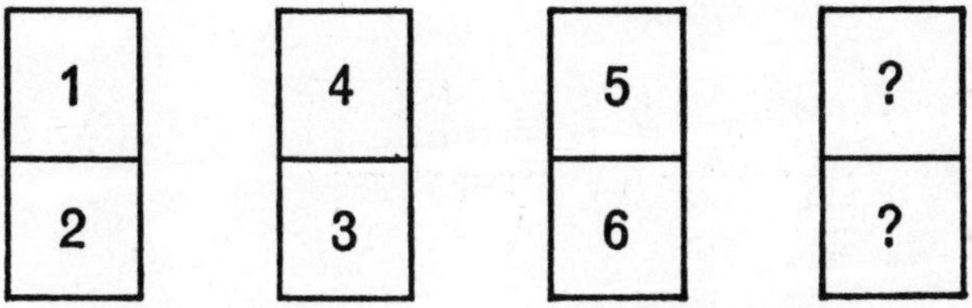

13. Setzen Sie die fehlenden Buchstaben ein.

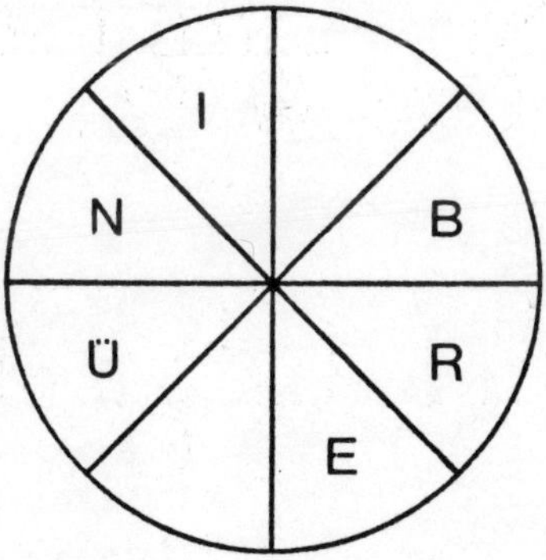

14. Suchen Sie aus den sechs numerierten Figuren die richtige heraus.

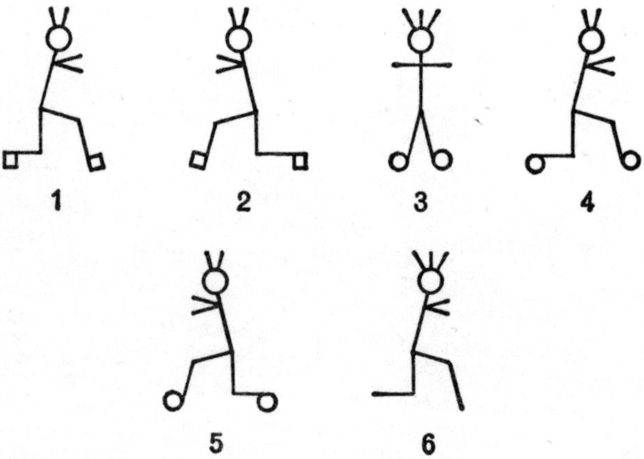

15. Suchen Sie aus den sechs numerierten Figuren die richtige heraus.

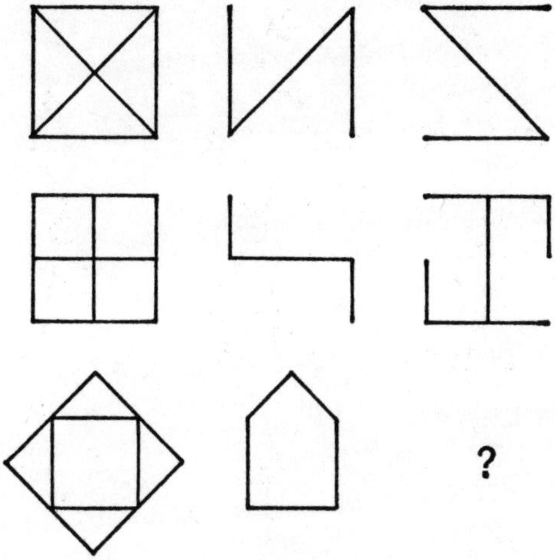

1

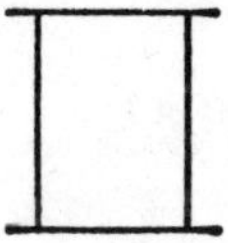
2

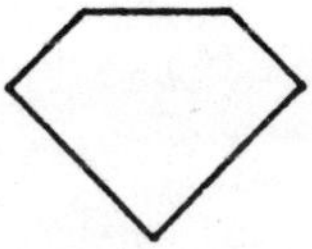
3

4

5

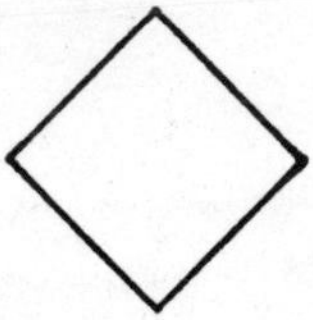
6

16. Setzen Sie das Wort ein, mit dem das erste Wort endet und das zweite beginnt.
BRIG (. . .) L

17. Setzen Sie die fehlende Zahl ein.
836 (316) 112
213 (   ) 420

18. Setzen Sie die fehlende Zahl ein.
5 8 12
7 12 18
3 4 ?

19. Setzen Sie das Wort ein, mit dem das erste Wort endet und das zweite beginnt.
GE (. . . .) UNG

20. Setzen Sie die fehlende Zahl ein.
188 (118) 424
214 (   ) 320

21. Setzen Sie das fehlende Wort ein.
BLIND (MEIN) SAMEN
KLIMA (. . . .) HAREM

22. Setzen Sie die fehlende Zahl ein.
0 7 26 ?

23. Unterstreichen Sie das Wort, das nicht dazu paßt.
MIRA
TIGERTIB
RADHAL
LENYL

24. Suchen Sie aus den sechs numerierten Figuren die richtige heraus.

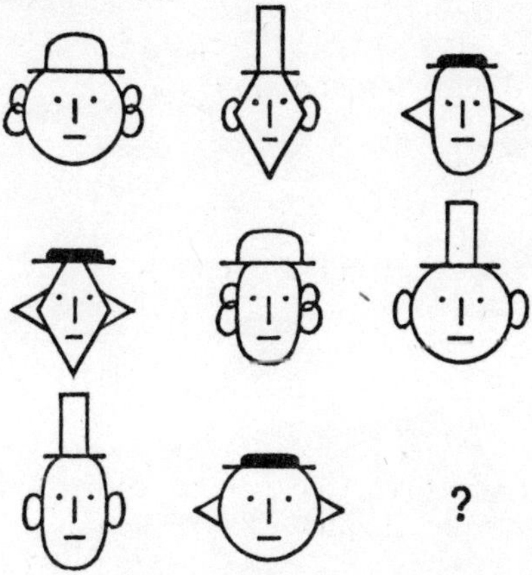

1 2 3 4 5 6

25. Setzen Sie das Wort ein, das dieselbe Bedeutung hat wie die beiden Wörter außerhalb der Klammer.
MESSGERÄT (. . . . .) STERNZEICHEN

26. Setzen Sie den fehlenden Buchstaben ein.
? N D
N I E
D E R

27. Setzen Sie die fehlende Zahl ein.
71 68 77 50 ?

28. Suchen Sie aus den sechs numerierten Figuren die richtige heraus.

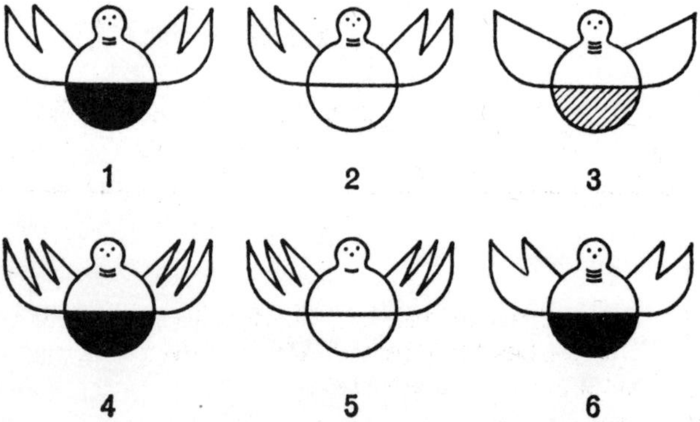

29. Setzen Sie das fehlende Wort ein.
KLAMM (KALK) GLÜCK
BLANK (. . . .) FRIES

30. Suchen Sie aus den sechs numerierten Figuren die richtige heraus.

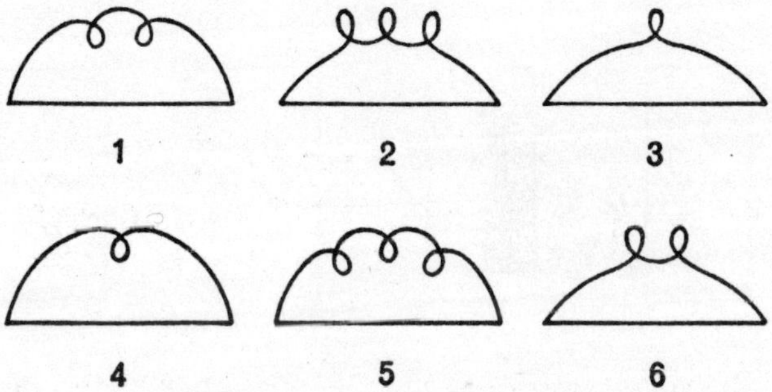

31. Setzen Sie das Wort ein, das dieselbe Bedeutung hat wie die beiden Wörter außerhalb der Klammer.
MASKE (. . . . .) ENGERLING

32. Unterstreichen Sie das Wort, das nicht dazu paßt.
PICHPET
ULAS
TULP
TUHLS

33. Setzen Sie die fehlenden Buchstaben ein.

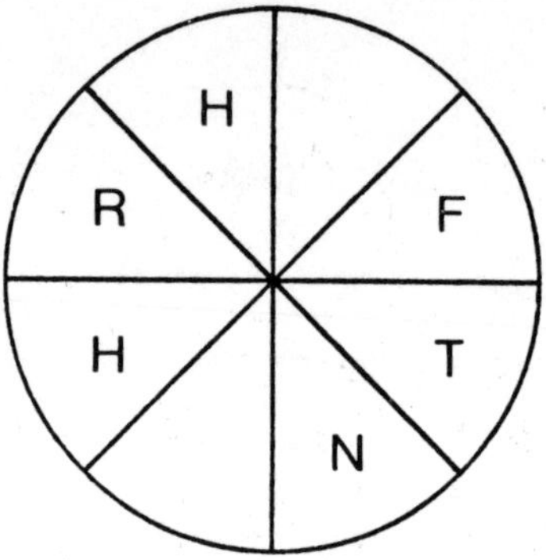

34. Setzen Sie die fehlenden Buchstaben ein.

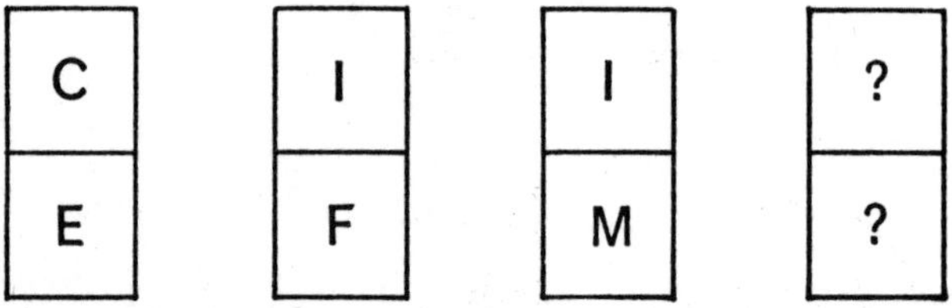

35. Setzen Sie das fehlende Wort ein.
SIEBE (LEIB) LICHT
STATT (. . . .) STOLZ

36. Setzen Sie das Wort ein, das dieselbe Bedeutung hat wie die beiden Wörter außerhalb der Klammer.
FADE (. . . . .) TUCH

37. Setzen Sie das fehlende Wort ein.
PAAR (RAST) MIST
DOCK (. . . .) LAST

38. Suchen Sie aus den sechs numerierten Figuren die richtige heraus.

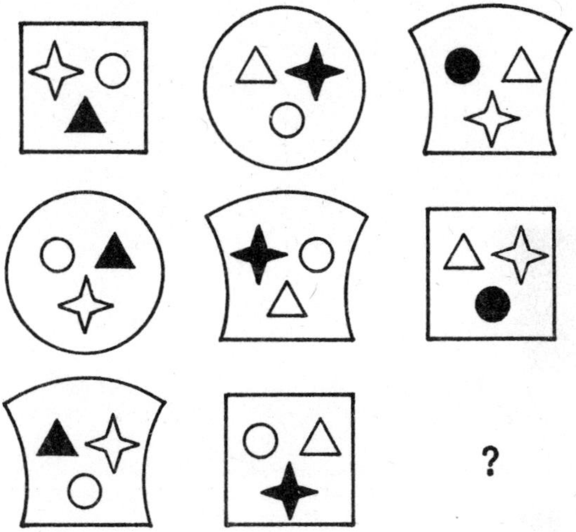

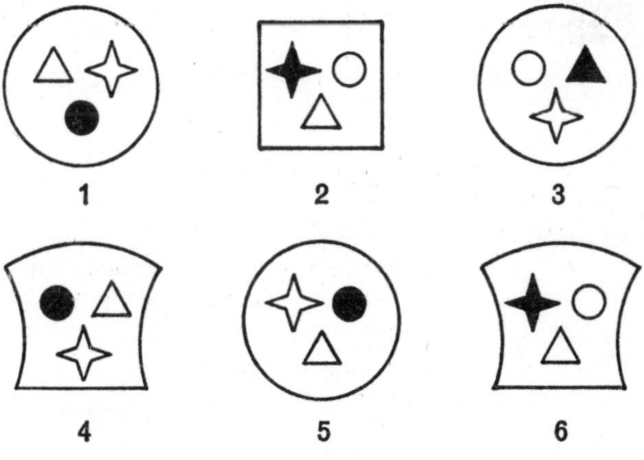

39. Suchen Sie aus den sechs numerierten Figuren die richtige heraus.

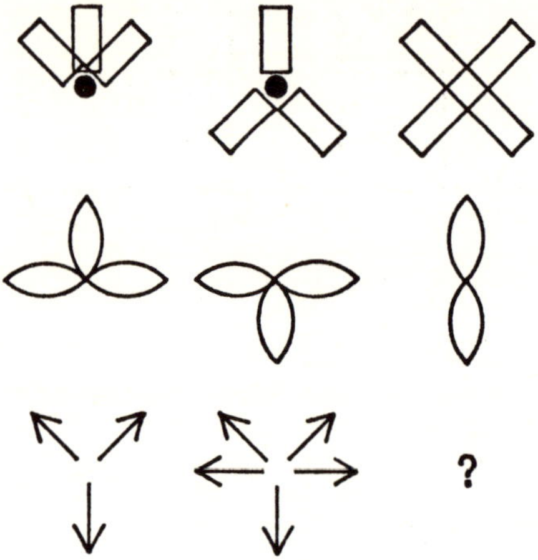

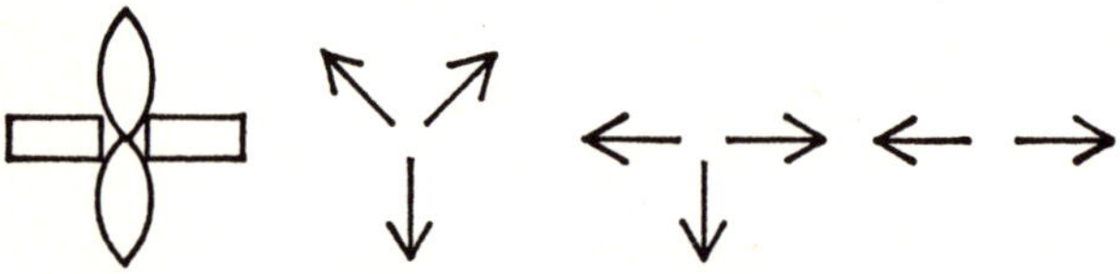

1 2 3 4

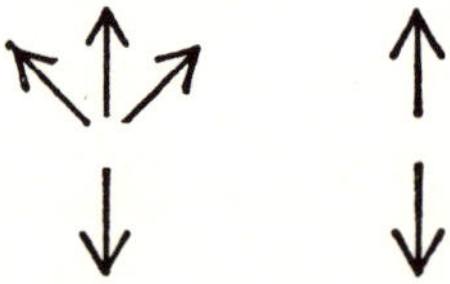

5 6

40. Setzen Sie die fehlenden Zahlen ein.

9	16	7	?
25	8	9	?

Sprachliche Fähigkeiten

1. Setzen Sie das Wort ein, das dieselbe Bedeutung hat wie die beiden Wörter außerhalb der Klammer.
   OHREN (. . . . . .) BESTECK
2. Setzen Sie das Wort ein, mit dem das erste Wort endet und das zweite beginnt.
   BAL (. . . .) N
3. Unterstreichen Sie das Anagramm, das nicht dazu paßt.
   ENGAM
   BULLFASS
   KICKERT
   NENIST
4. Finden Sie die Wortendung, der die folgenden Buchstaben vorausgehen können.

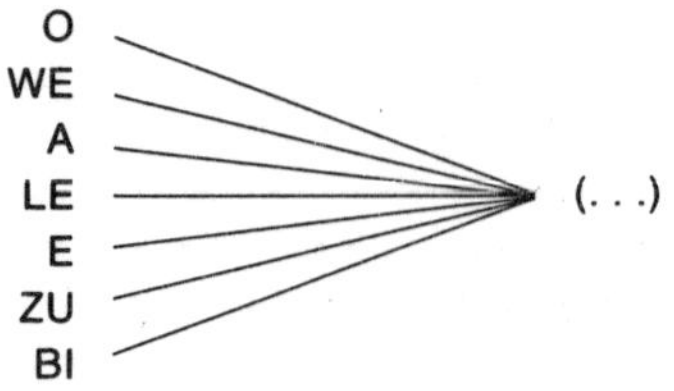

5. Setzen Sie das Wort ein, das dieselbe Bedeutung hat wie die beiden Wörter außerhalb der Klammer.
   DRÜCKE (. . . . . .) ZEITUNGEN
6. Setzen Sie das Wort ein, mit dem das erste Wort endet und das zweite beginnt.
   BR (. .) S
7. Unterstreichen Sie das Wort, das nicht dazu paßt.
   TIRANAS
   SINGLES
   RYBOCS
   RYLESEP

8. Setzen Sie das Wort ein, das den drei Wörtern auf der rechten Seite vorausgehen kann.

(. . . . . . .) HANDEL / WURZEL / MALEREI

9. Setzen Sie das Wort ein, das dieselbe Bedeutung hat wie die beiden Wörter außerhalb der Klammer.
STANDORT (. . . .) SCHICHT

10. Setzen Sie das Wort ein, mit dem das erste Wort endet und das zweite beginnt.
GE (. . . . .) HIN

11. Unterstreichen Sie das Wort, das nicht dazu paßt.
STOP
DORIA
PEHOLTEN
ARGTEN

12. Setzen Sie das Wort ein, das den drei Wörtern auf der rechten Seite vorausgehen kann.

(. . . . .) SPANNER / LÖFFEL / BÄNDER

13. Setzen Sie das Wort ein, mit dem das erste Wort endet und das zweite beginnt.
O (. . .) B

14. Setzen Sie das Wort ein, das dieselbe Bedeutung hat wie die beiden Wörter außerhalb der Klammer.
WERKSTOFF (. . .) KLANG

15. Unterstreichen Sie das Wort, das nicht dazu paßt.

KATENROT
TETLAND
PANIFELSEN
ENSKIRCH
LAFFENTORK

16. Finden Sie das Wort, dem die folgenden Buchstaben vorausgehen können.

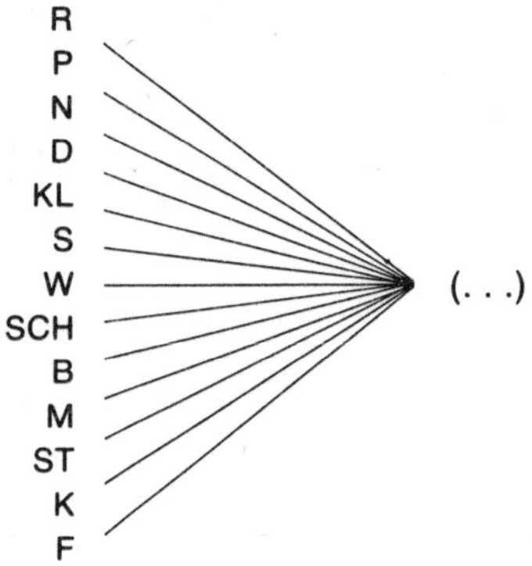

17. Setzen Sie das Wort ein, mit dem das erste Wort endet und das zweite beginnt.

D (. .) OS

18. Unterstreichen Sie das Wort, das nicht dazu paßt.

TUHLS
SINGSTROPFE
NOHM
METUTBLUBER
PUTEL

19. Finden Sie das Wort, dem die folgenden Buchstaben vorausgehen können.

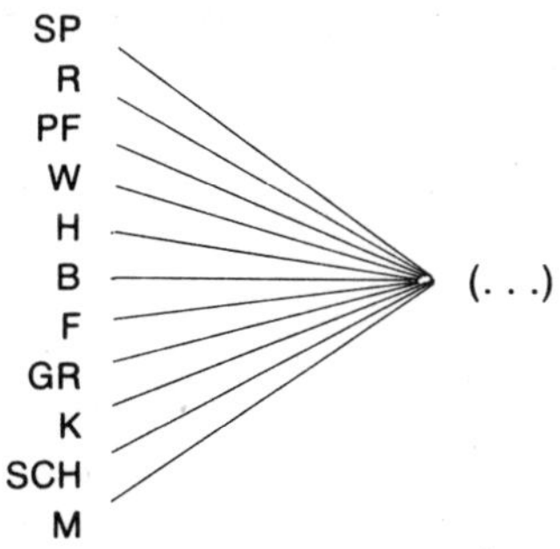

20. Setzen Sie das Wort ein, das dieselbe Bedeutung hat wie die beiden Wörter außerhalb der Klammer.
ART (. . . . .) KLUG

21. Setzen Sie das Wort ein, mit dem das erste Wort endet und das zweite beginnt.
KASTA (. . .) RE

22. Unterstreichen Sie das Wort, das nicht dazu paßt.
REITRER
HUFSCHÄNDER
XEBOR
SWULNAS

23. Setzen Sie das Wort ein, das dieselbe Bedeutung hat wie die beiden Wörter außerhalb der Klammer.
ELEND (. . .) GLIED

24. Finden Sie die Wortendung, der die folgenden Buchstaben vorausgehen können.

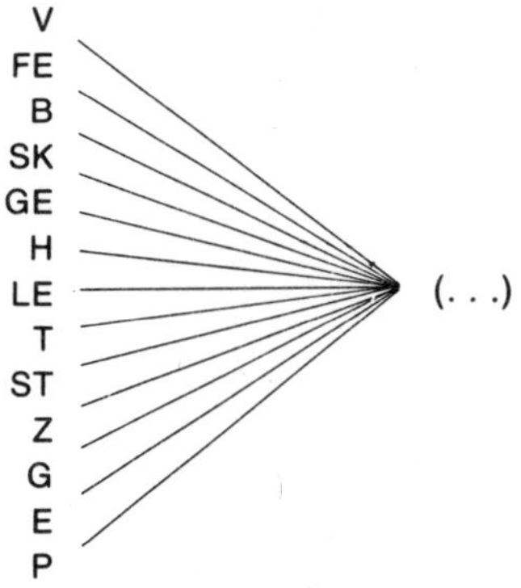

25. Setzen Sie das Wort ein, mit dem das erste Wort endet und das zweite beginnt.
AB (. . .) EN

26. Unterstreichen Sie das Wort, das nicht dazu paßt.
SEHSEN
YBRANE
MEBNER
LARIDOF

27. Setzen Sie das Wort ein, das dieselbe Bedeutung hat wie die beiden Wörter außerhalb der Klammer.
ERMÄSSIGUNG (. . . . .) ERBE

28. Setzen Sie das Wort ein, mit dem das erste Wort endet und das zweite beginnt.
A (. . . .) IG

29. Unterstreichen Sie das Wort, das nicht dazu paßt.
OKIRA
OKOTI
RONTOTO
RELGBAD

30. Finden Sie die Wortendung, der die folgenden Buchstaben vorausgehen können.

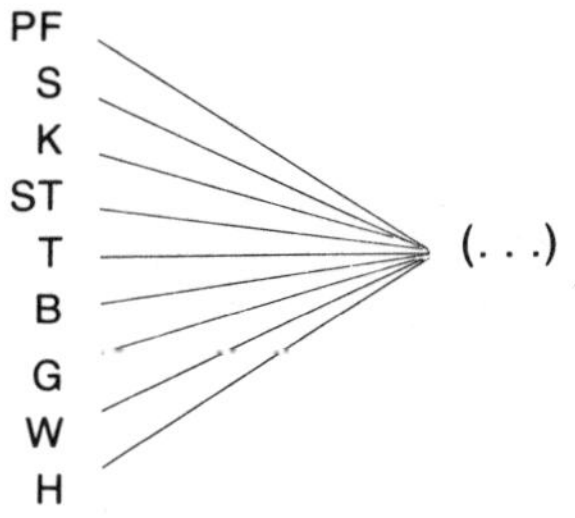

31. Finden Sie die Wortendung, der die folgenden Buchstaben vorausgehen können.

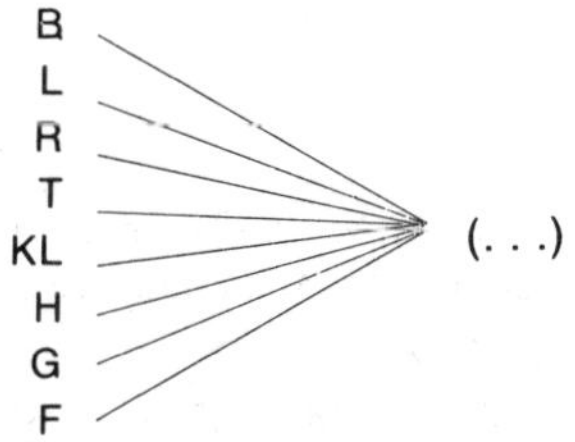

32. Setzen Sie das Wort ein, das dieselbe Bedeutung hat wie die beiden Wörter außerhalb der Klammer.
ZAHL (. . . .) AUSSTOSSUNG

33. Setzen Sie das Wort ein, mit dem das erste Wort endet und das zweite beginnt.
SCHM (. . .) TER

34. Unterstreichen Sie das Wort, das nicht dazu paßt.
LADER
PREGLINS
RECHEL
WASCHLIF

35. Finden Sie die Wortendung, der die folgenden Buchstaben vorausgehen können.

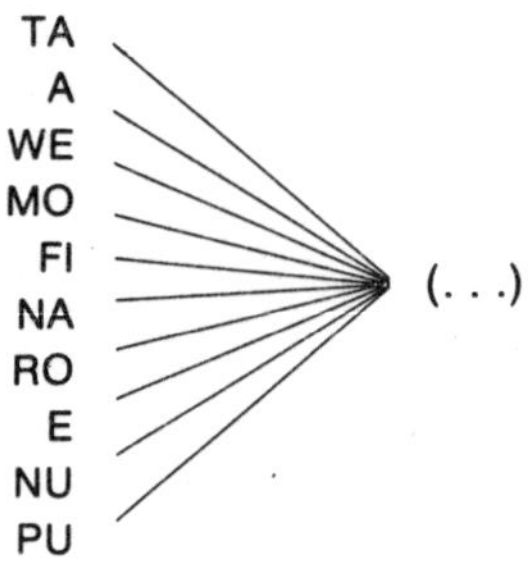

36. Setzen Sie das Wort ein, mit dem das erste Wort endet und das zweite beginnt.
STIL (. . .) UNG

37. Unterstreichen Sie das Wort, das nicht dazu paßt.
HUPTNAMAN
ROGEGE
INEISTEN
TROMS
NAMN

38. Setzen Sie das Wort ein, das dieselbe Bedeutung hat wie die beiden Wörter außerhalb der Klammer.
FLÜSSIGKEIT (. . . . . .) ERGEBNIS

39. Finden Sie die Wortendung, der die folgenden Buchstaben vorausgehen können.

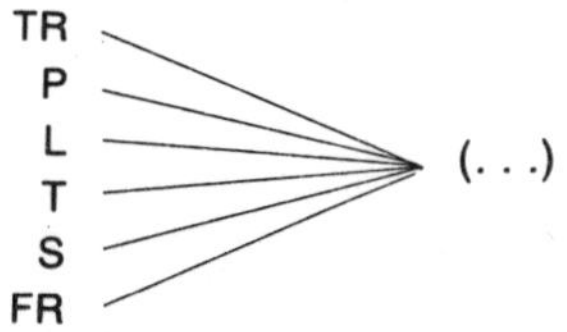

40. Setzen Sie das Wort ein, das dieselbe Bedeutung hat wie die beiden Wörter außerhalb der Klammer.
ABSAGE (. . . .) BEHÄLTER

41. Setzen Sie das Wort ein, mit dem das erste Wort endet und das zweite beginnt.
GE (. . . .) BAR

42. Unterstreichen Sie das Wort, das nicht dazu paßt.
HERFESERN
OMIKOST
AKNESCH
EMITTER

43. Setzen Sie das Wort ein, das dieselbe Bedeutung hat wie die beiden Wörter außerhalb der Klammer.
NEU (. . . . . .) KÜHL

44. Setzen Sie das Wort ein, mit dem das erste Wort endet und das zweite Wort beginnt.
TI (. .) DE

45. Finden Sie die Wortendung, der die folgenden Buchstaben vorausgehen können.

R
BL
D
ST (. . .)
F
SCH
B

46. Unterstreichen Sie das Wort, das nicht dazu paßt.
GANISL
GEIZE
DREPF
BEBIR

47. Finden Sie die Wortendung, der die folgenden Buchstaben vorausgehen können.

O
A
NA
AT (. . .)
UL
SA

48. Setzen Sie das Wort ein, mit dem das erste Wort endet und das zweite beginnt.
TR (. . .) ERN

49. Finden Sie das Wort, dem die folgenden Buchstaben vorausgehen können.

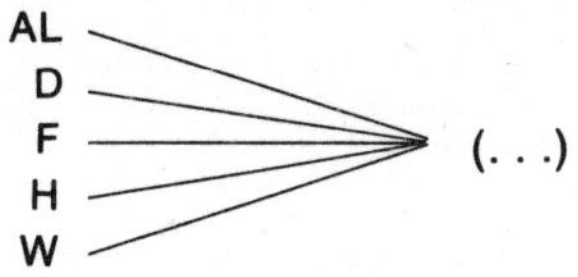

50. Unterstreichen Sie das Wort, das nicht dazu paßt.

DREBUR
SCHWEREST
LIVONIE
NATTE
TEMTUR

Zahlenlogisches Verständnis

1. Setzen Sie die fehlende Zahl ein.
   18 20 24 32 ?
2. Setzen Sie die fehlende Zahl ein.

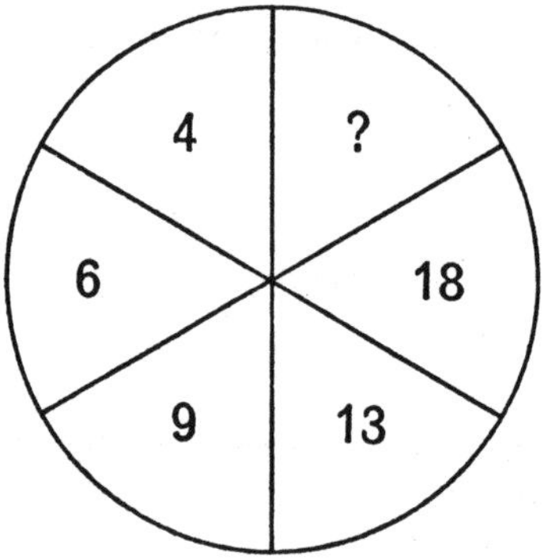

3. Setzen Sie die fehlende Zahl ein.
   212 179 146 113 ?
4. Setzen Sie die fehlende Zahl ein.

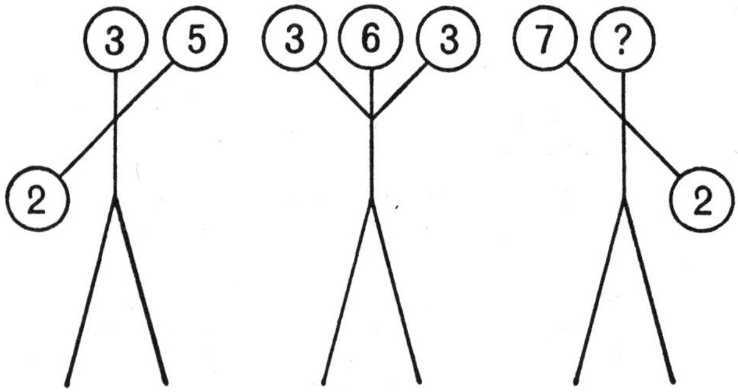

5. Setzen Sie die fehlende Zahl ein.
   6 8 10 11 14 14 ?

6. Setzen Sie die fehlende Zahl ein.
   17 (112) 39
   28 ( ) 49

7. Setzen Sie die fehlende Zahl ein.
   3 9 3
   5 7 1
   7 1 ?

8. Setzen Sie die fehlende Zahl ein.
   7 13 24 45 ?

9. Setzen Sie die fehlende Zahl ein.
   234 (333) 567
   345 ( ) 678

10. Setzen Sie die fehlende Zahl ein.
    4 5 7 11 19 ?

11. Setzen Sie die fehlende Zahl ein.

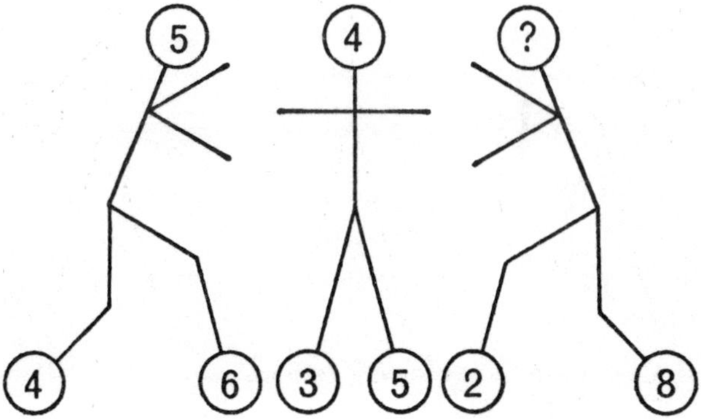

12. Setzen Sie die fehlende Zahl ein.
6 7 9 13 21 ?

13. Setzen Sie die fehlende Zahl ein.
4 8 6
6 2 4
8 6 ?

14. Setzen Sie die fehlende Zahl ein.
64 48 40 36 34 ?

15. Setzen Sie die fehlende Zahl ein.

2	6
54	18

?	9
81	27

16. Setzen Sie die fehlende Zahl ein.
718 (26) 582
474 ( ) 226

17. Setzen Sie die fehlende Zahl ein.
15 13 12 11 9 9 ?

18. Setzen Sie die fehlende Zahl ein.
9 4 1
6 6 2
1 9 ?

19. Setzen Sie die fehlende Zahl ein.
11 12 14 ? 26 42

20. Setzen Sie die fehlende Zahl ein.
8 5 2
4 2 0
9 6 ?

21. Setzen Sie die fehlende Zahl ein.

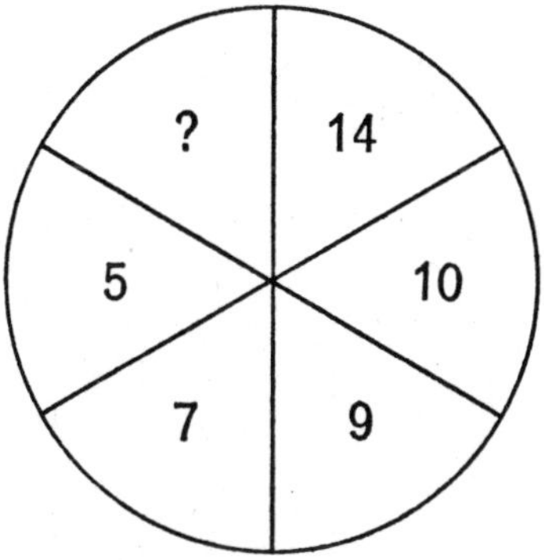

22. Setzen Sie die fehlende Zahl ein.
341 (250) 466
282 ( ) 398

23. Setzen Sie die fehlende Zahl ein.

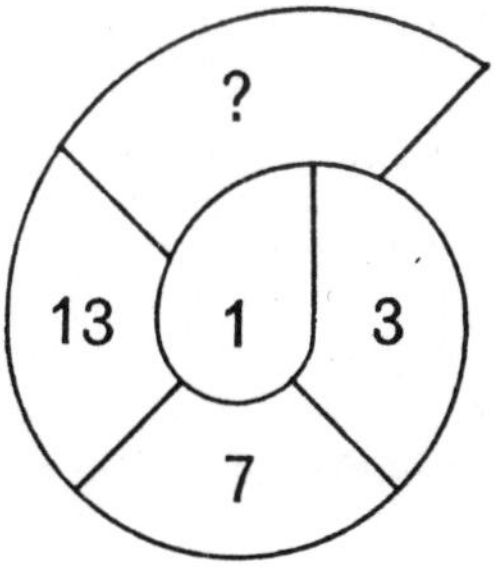

24. Setzen Sie die fehlende Zahl ein.
12 (336) 14
15 ( ) 16

25. Setzen Sie die fehlende Zahl ein.
4 7 6
8 4 8
6 5 ?

26. Setzen Sie die fehlende Zahl ein.
7 14 10 12 14 9 ?

27. Setzen Sie die fehlende Zahl ein.

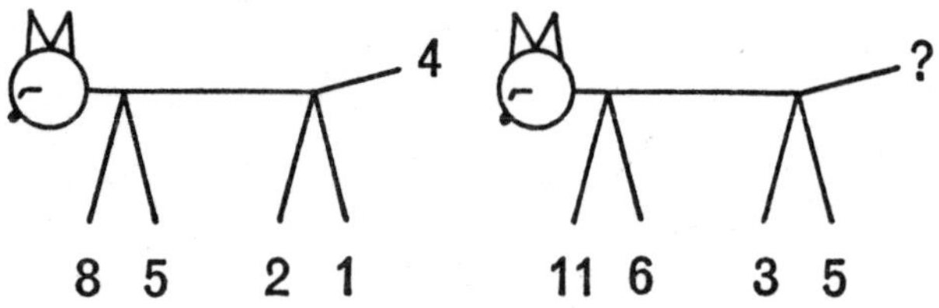

28. Setzen Sie die fehlende Zahl ein.
17 (102) 12
14 ( ) 11

29. Setzen Sie die fehlende Zahl ein.
172 84 40 18 ?

30. Setzen Sie die fehlende Zahl ein.
1 5 13 29 ?

31. Setzen Sie die fehlende Zahl ein.

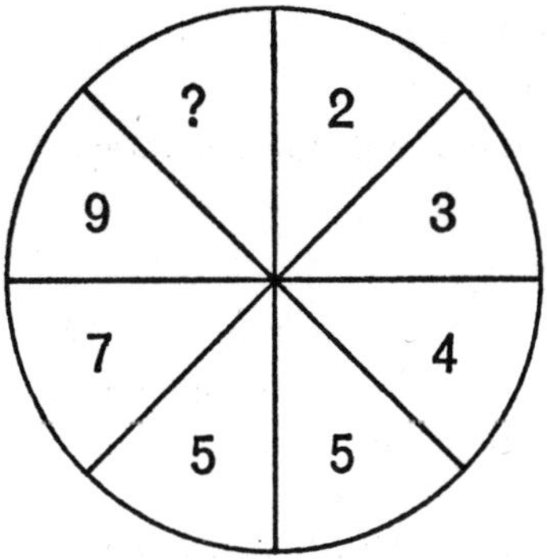

32. Setzen Sie die fehlende Zahl ein.

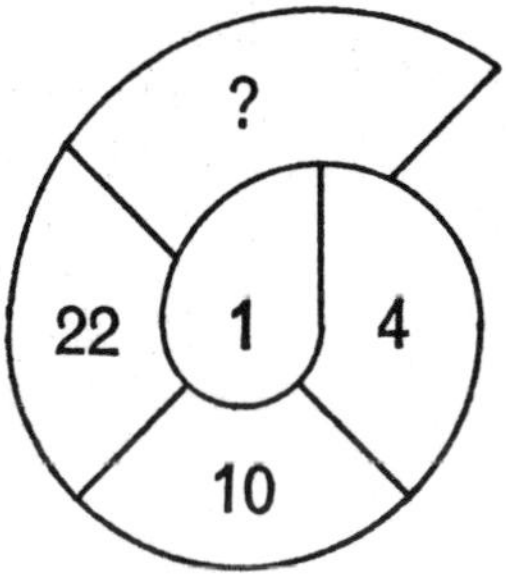

33. Setzen Sie die fehlende Zahl ein.
0 3 8 15 ?

34. Setzen Sie die fehlende Zahl ein.
1 3 2 ? 3 7

35. Setzen Sie die fehlende Zahl ein.
447 (366) 264
262 ( ) 521

36. Setzen Sie die fehlende Zahl ein.

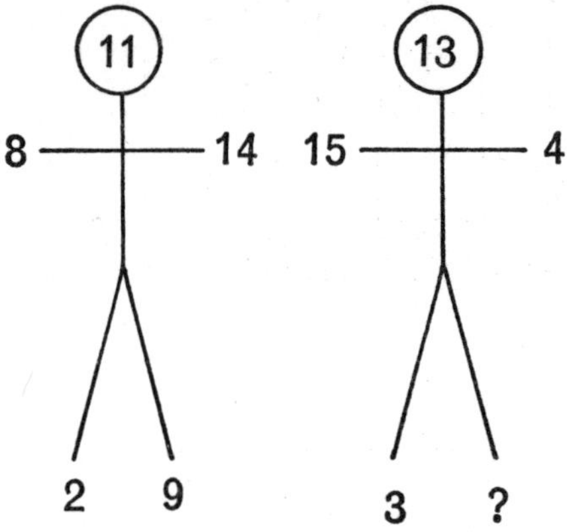

37. Setzen Sie die fehlende Zahl ein.
4 7 9 11 14 15 19 ?

38. Setzen Sie die fehlende Zahl ein.

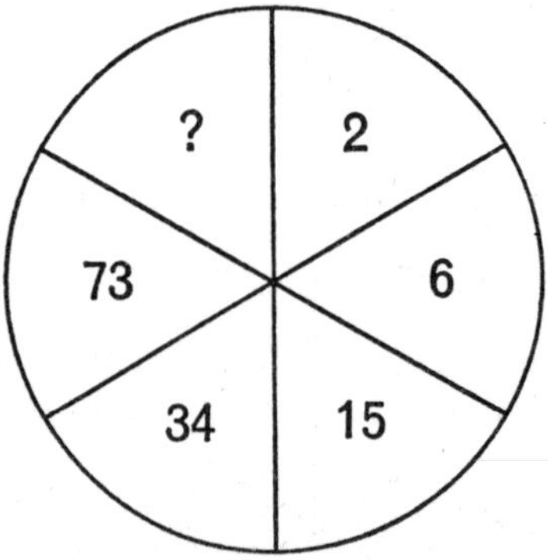

39. Setzen Sie die fehlende Zahl ein.

3	7	16
6	13	28
9	19	?

40. Setzen Sie die fehlenden Zahlen ein.

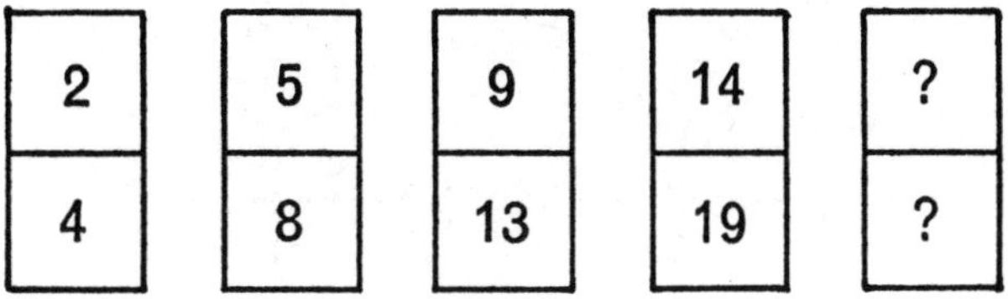

41. Setzen Sie die fehlende Zahl ein.

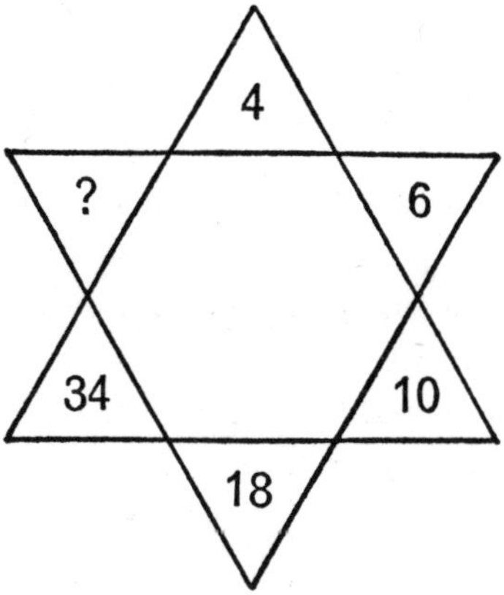

42. Setzen Sie die fehlende Zahl ein.

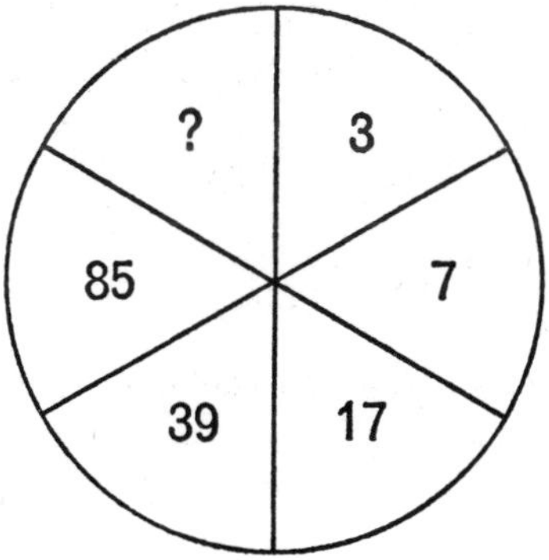

43. Setzen Sie die fehlende Zahl ein.

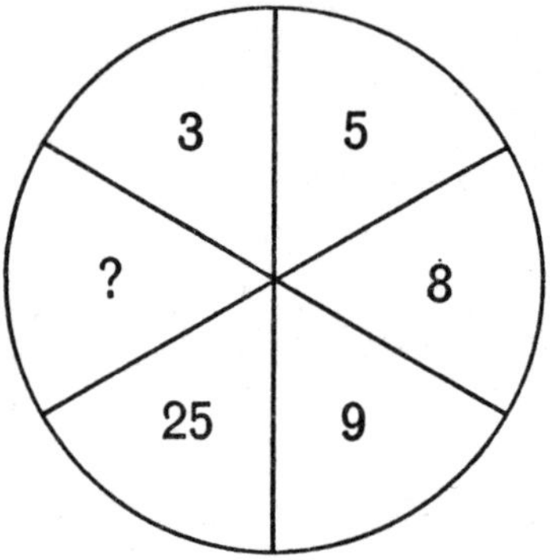

44. Setzen Sie die fehlende Zahl ein.
643 (111) 421
269 ( ) 491

45. Setzen Sie die fehlende Zahl ein.
857 969 745 1193 ?

46. Setzen Sie die fehlende Zahl ein.

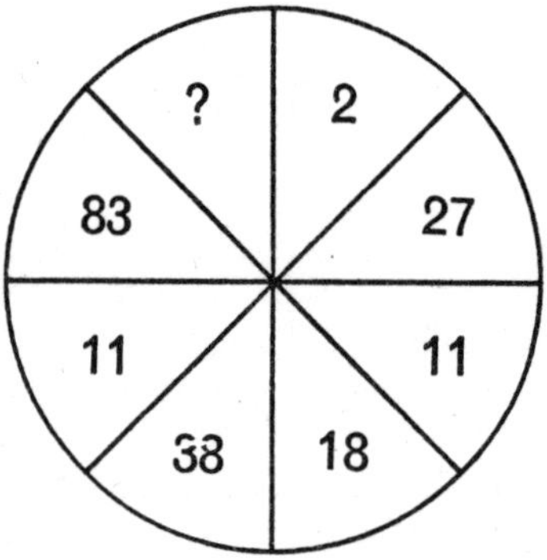

47. Setzen Sie die fehlenden Zahlen ein.

9 (45) 81
8 (36) 64
10 (?) ?

48. Setzen Sie die fehlende Zahl ein.

7 19 37 61 ?

49. Setzen Sie die fehlende Zahl ein.

5 41 149 329 ?

50. Setzen Sie die fehlende Zahl ein.

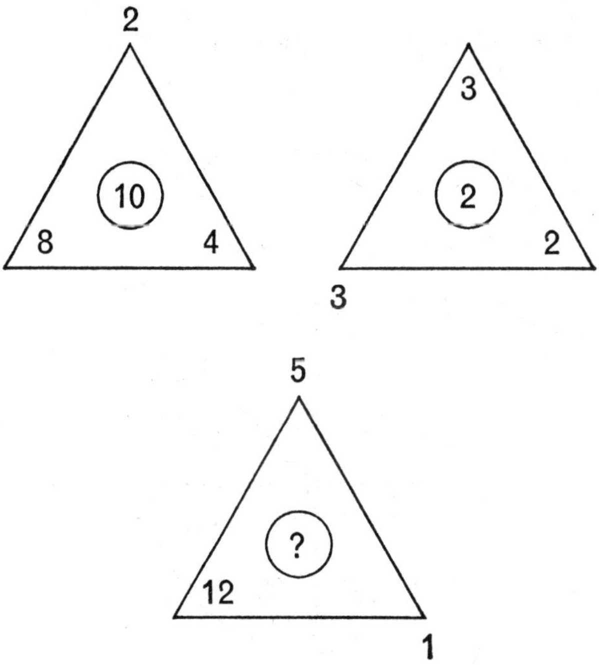

Räumlich-visuelles Vorstellungsvermögen

1. Finden Sie die Figur heraus, die nicht dazu paßt.

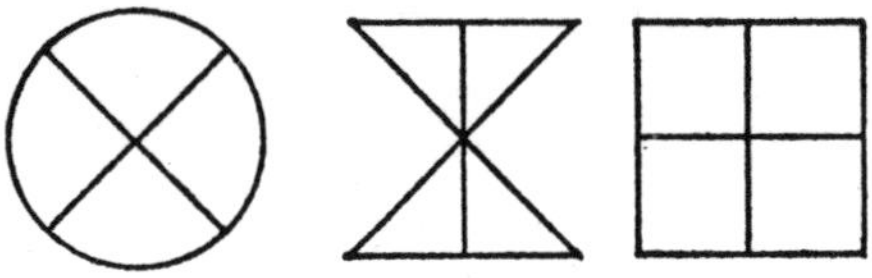

1 2 3

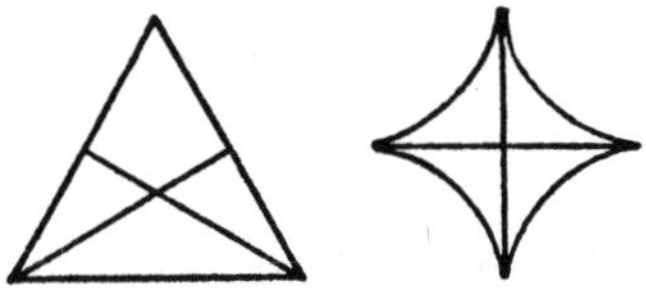

4 5

2. Finden Sie die Figur heraus, die nicht dazu paßt.

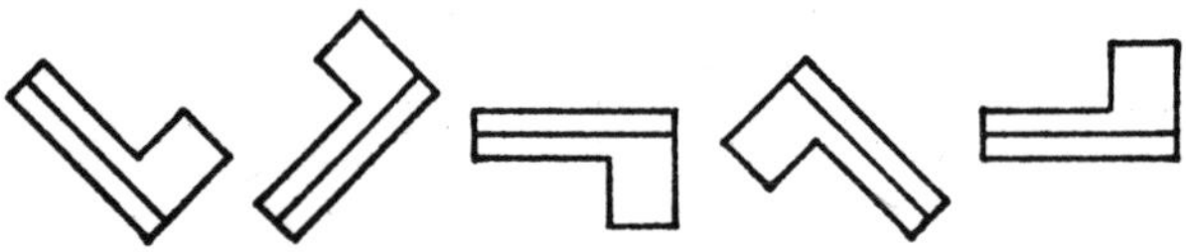

1 2 3 4 5

3. Finden Sie die Figur heraus, die nicht dazu paßt.

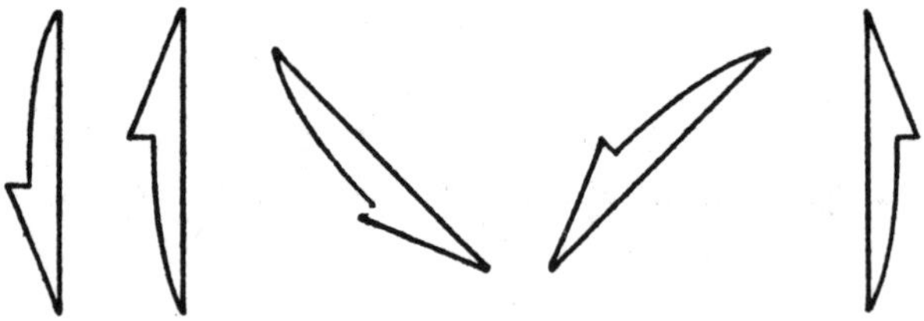

1 2 3 4 5

4. Finden Sie die Figur heraus, die nicht dazu paßt.

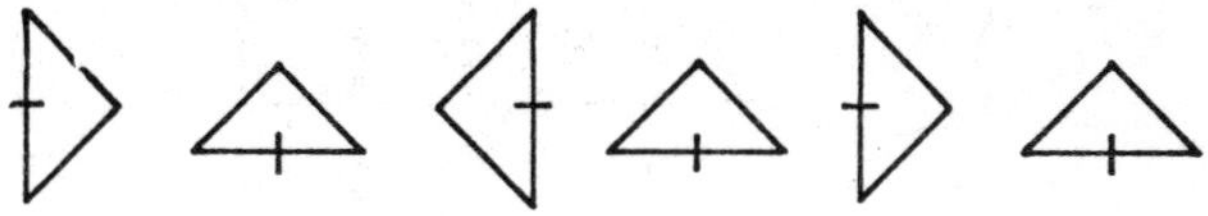

1 2 3 4 5 6

5. Finden Sie die Figur heraus, die nicht dazu paßt.

1 2 3 4 5

6. Finden Sie die Figur heraus, die nicht dazu paßt.

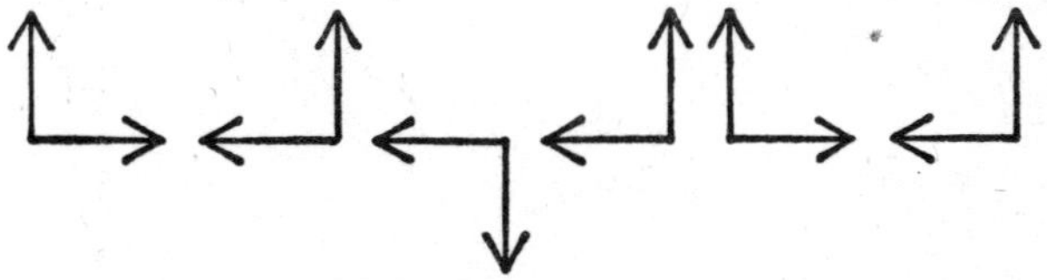

1 2 3 4 5 6

7. Finden Sie die Figur heraus, die nicht dazu paßt.

1 2 3 4 5

8. Setzen Sie die fehlende Figur ein.

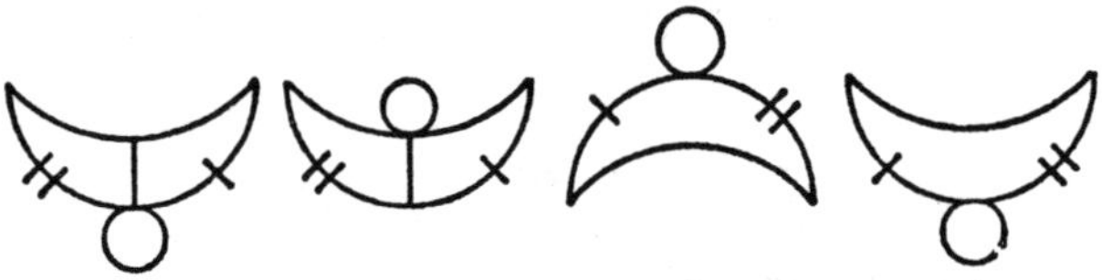

1 2 3 4

9. Finden Sie die Figur heraus, die nicht dazu paßt.

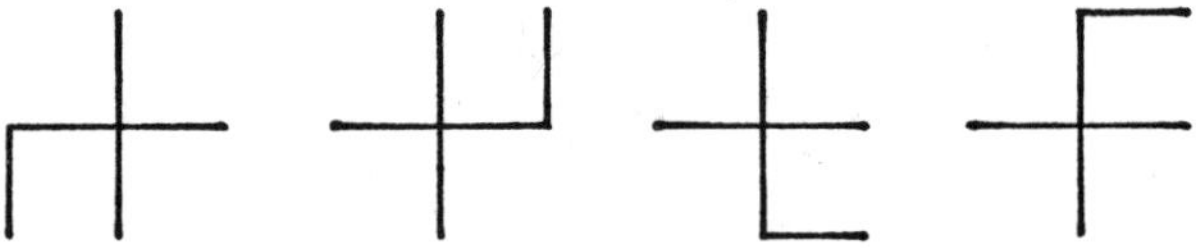

1 2 3 4

10. Finden Sie die Figur heraus, die nicht dazu paßt.

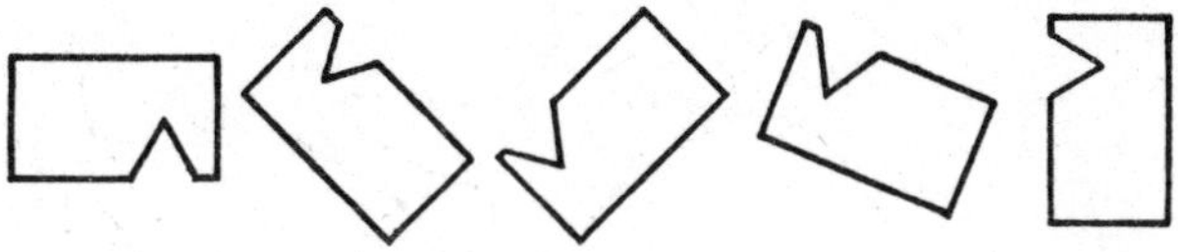

1 2 3 4 5

11. Finden Sie die Figur heraus, die nicht dazu paßt.

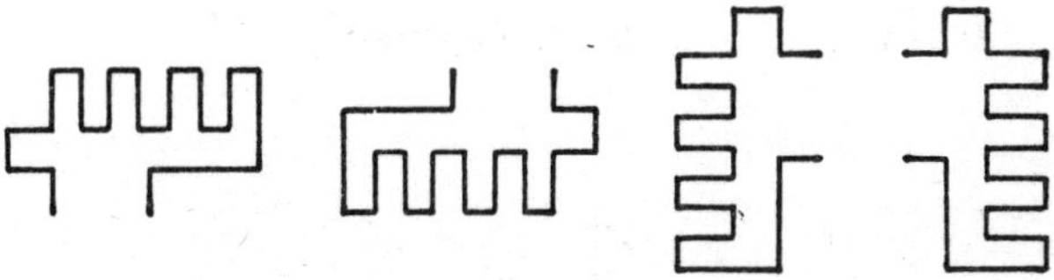

1 2 3 4

12. Finden Sie die Figur heraus, die nicht dazu paßt.

1 2 3

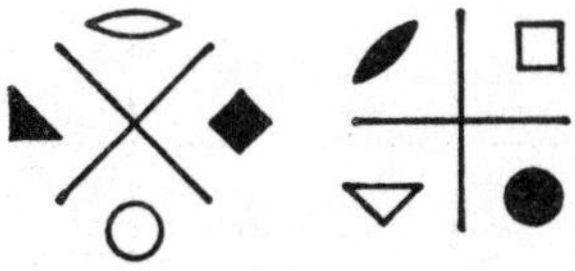

4 5

13. Finden Sie die Figur heraus, die nicht dazu paßt.

1 2 3 4 5

14. Finden Sie die Figur heraus, die nicht dazu paßt.

1 2 3 4 5

15. Finden Sie die Figur heraus, die nicht dazu paßt.

1 2 3 4 5

16. Finden Sie die Figur heraus, die nicht dazu paßt.

● ⊕	⊗ ○	○ ⊗	⊕ ●	● ⊗
⊗ ○	● ⊕	⊕ ●	○ ⊗	⊕ ○
1	2	3	4	5

17. Finden Sie die Figur heraus, die nicht dazu paßt.

1 2 3 4 5

18. Finden Sie die Figur heraus, die nicht dazu paßt.

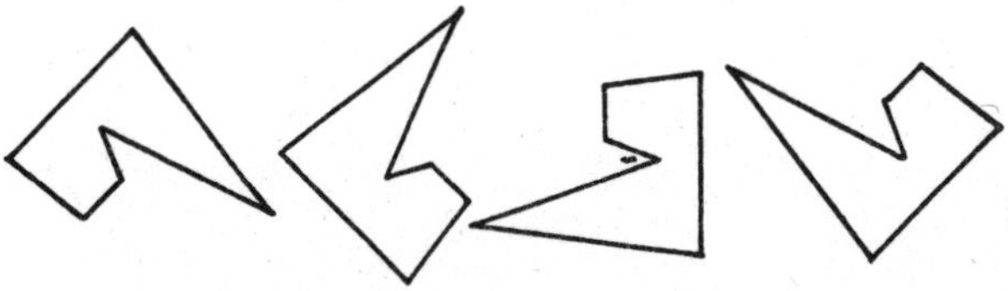

1 2 3 4

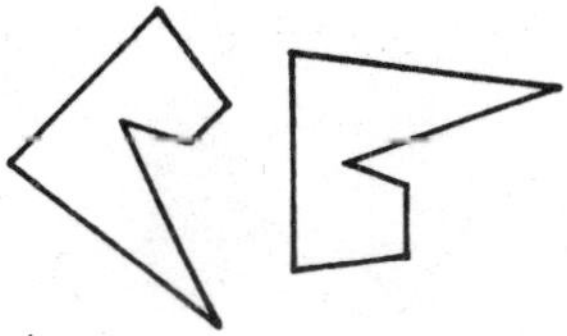

5 6

19. Finden Sie die Figur heraus, die nicht dazu paßt.

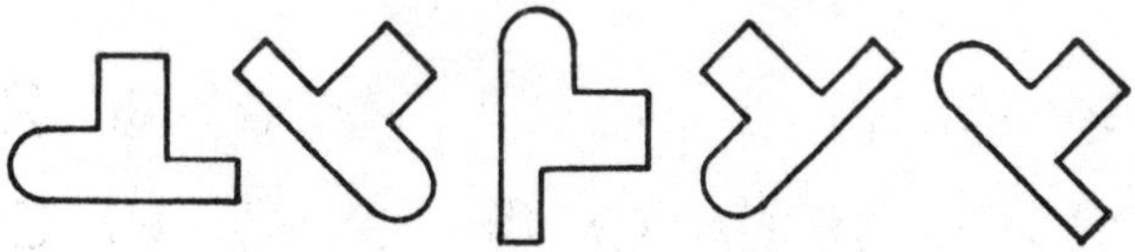

1 2 3 4 5

20. Finden Sie die Figur heraus, die nicht dazu paßt.

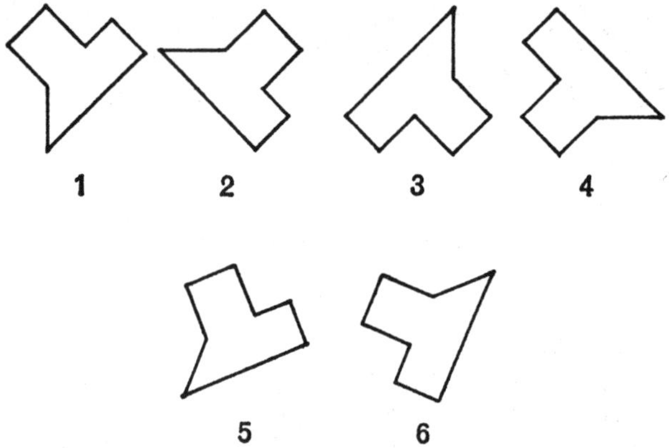

21. Finden Sie die Figur heraus, die nicht dazu paßt.

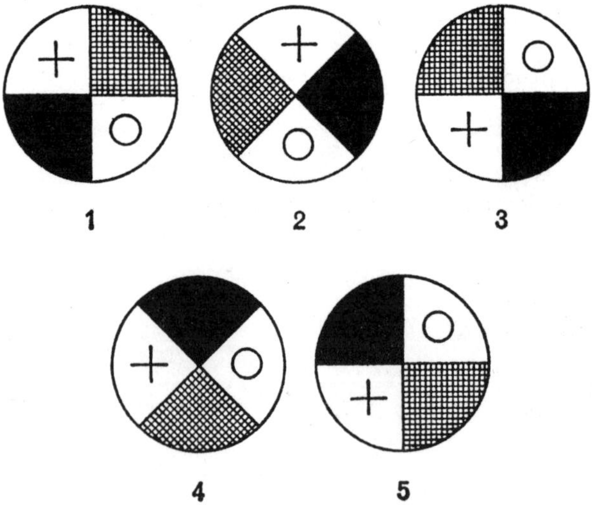

22. Finden Sie die Figur heraus, die nicht dazu paßt.

1 2 3 4 5

23. Finden Sie die Figur heraus, die nicht dazu paßt.

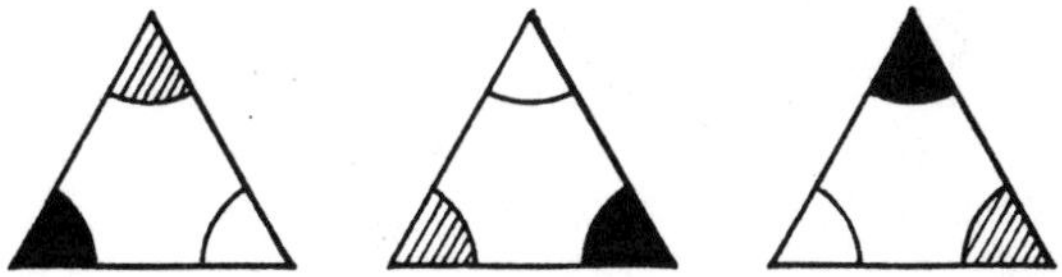

1 2 3

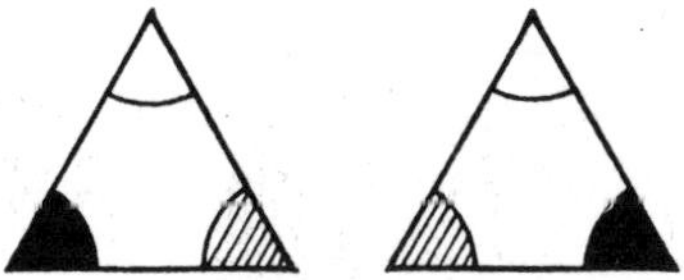

4 5

24. Finden Sie die Figur heraus, die nicht dazu paßt.

1 2 3 4 5

25. Finden Sie die Figur heraus, die nicht dazu paßt.

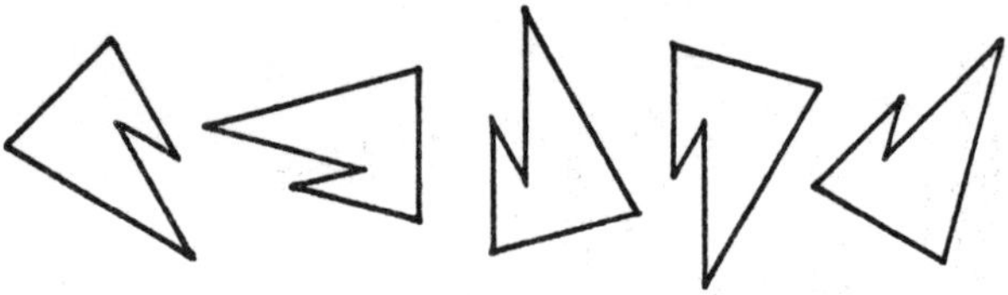

1 2 3 4 5

26. Finden Sie die Figur heraus, die nicht dazu paßt.

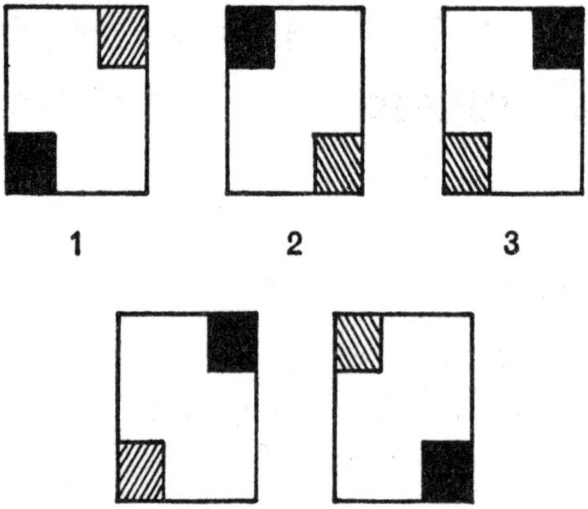

1 2 3

4 5

27. Finden Sie die Figur heraus, die nicht dazu paßt.

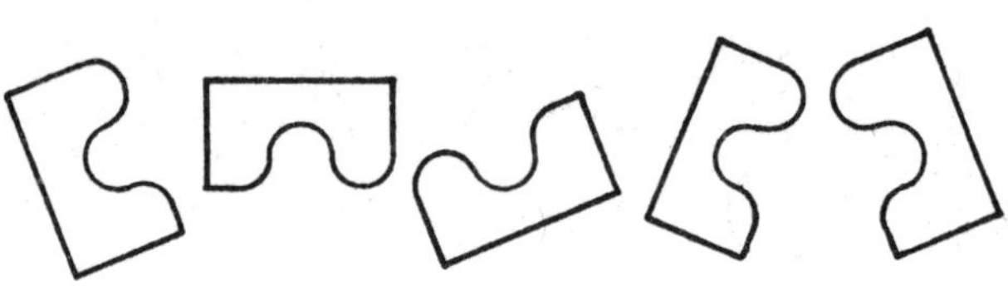

1 2 3 4 .5

28. Setzen Sie die fehlende Figur ein.

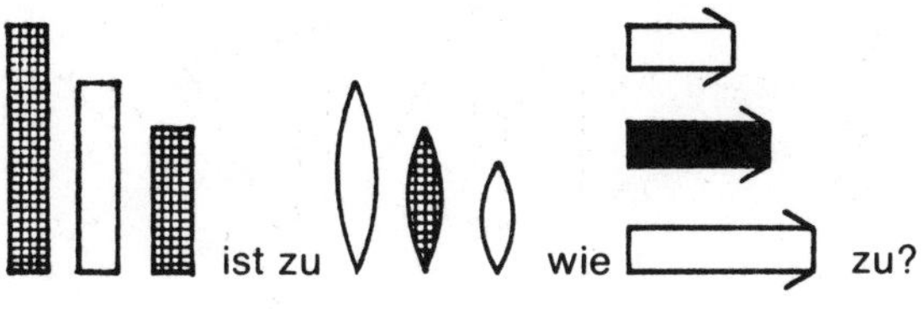

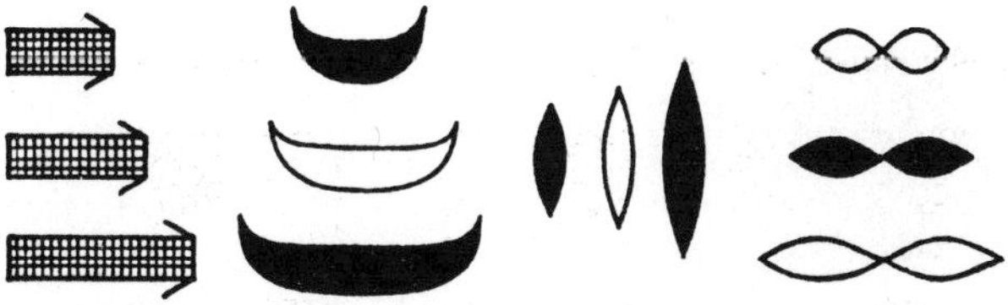

1 2 3 4

29. Finden Sie die Figur heraus, die nicht dazu paßt.

1 2 3 4 5

30. Finden Sie die Figur heraus, die nicht dazu paßt.

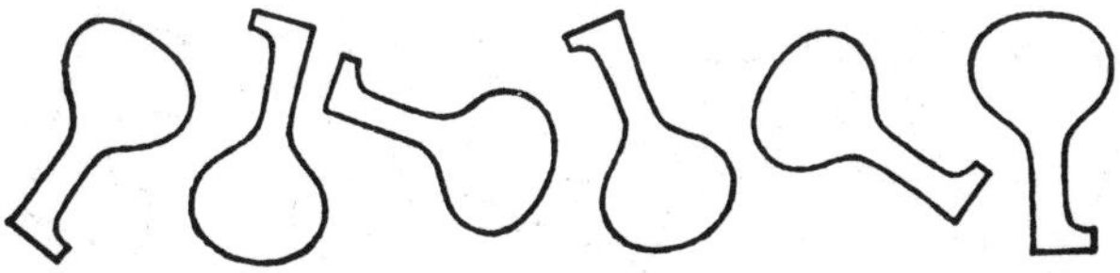

1 2 3 4 5 6

31. Setzen Sie die fehlende Figur ein.

 ist zu 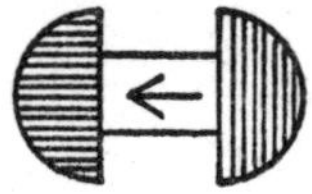 wie  zu?

1

2

3

4

32. Finden Sie die Figur heraus, die nicht dazu paßt.

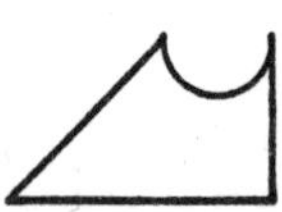

1

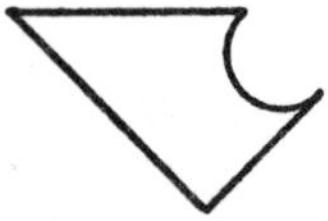

2

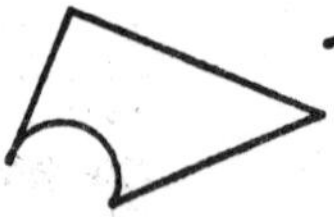

3

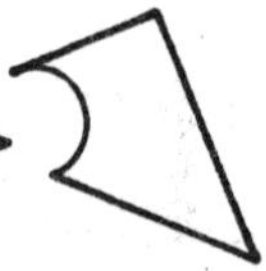

4

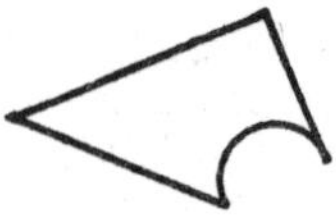

5

6

33. Finden Sie die zwei Figuren heraus, die nicht dazu passen.

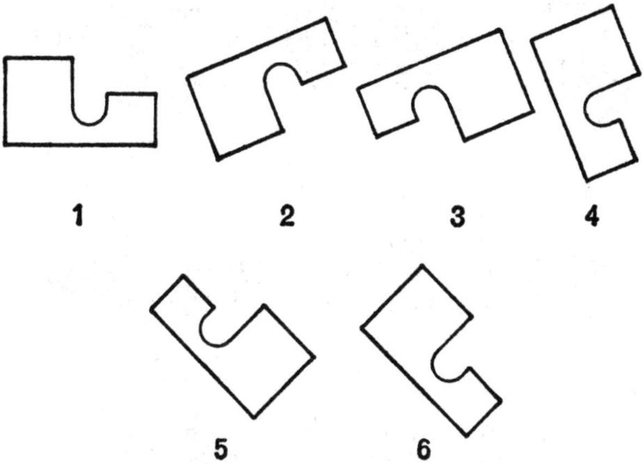

34. Setzen Sie die fehlende Figur ein.

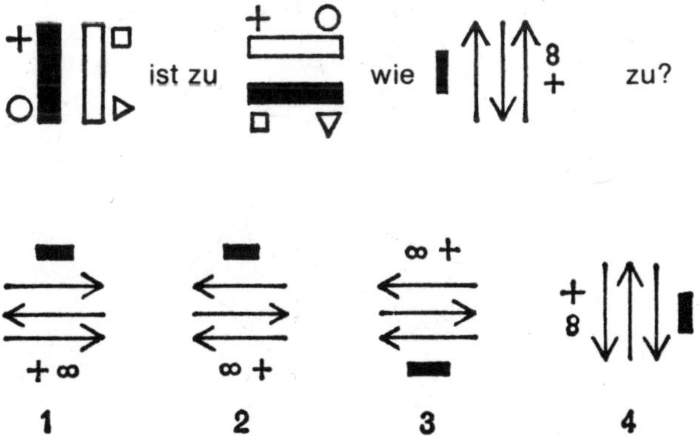

35. Finden Sie die zwei Figuren heraus, die nicht dazu passen.

1 2 3 4 5 6

36. Finden Sie die Figur heraus, die nicht dazu paßt.

1 2 3 4 5

37. Setzen Sie die fehlende Figur ein.

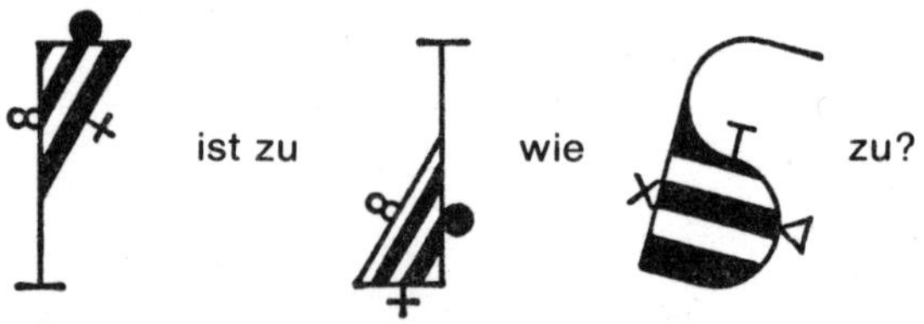

1 2 3 4

38. Setzen Sie die fehlende Figur ein.

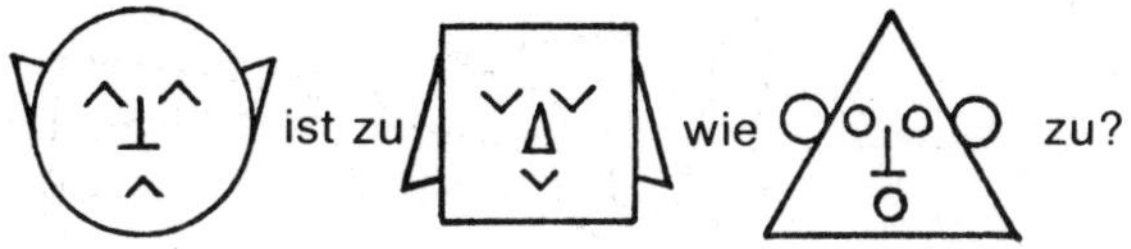

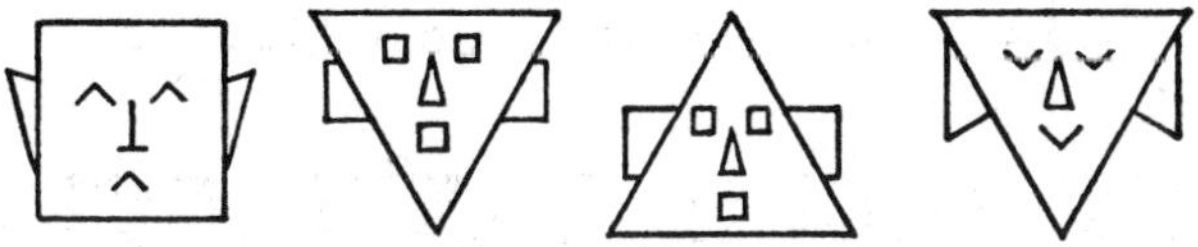

1 2 3 4

39. Finden Sie die Figur heraus, die nicht dazu paßt.

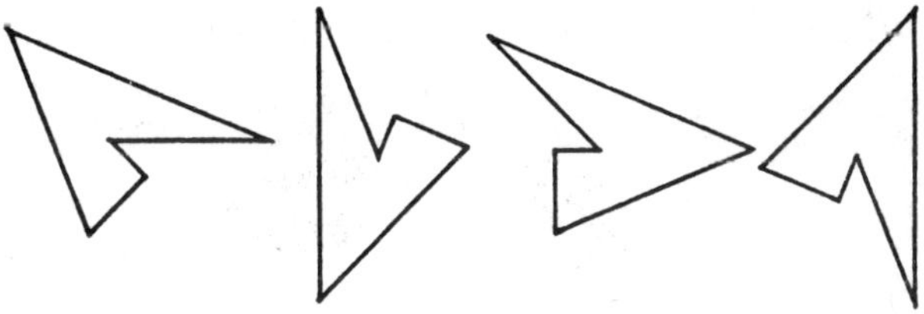

1 2 3 4

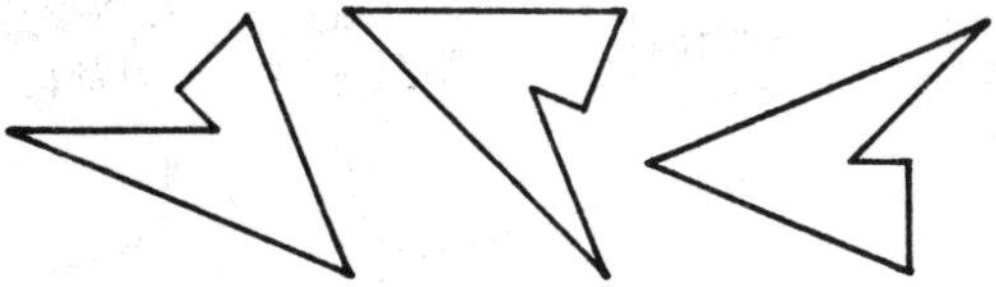

5 6 7

40. Finden Sie die drei Figuren heraus, die nicht dazu passen.

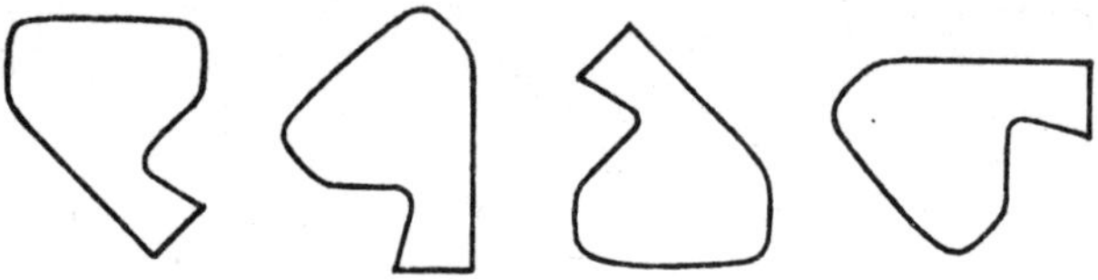

1 2 3 4

5 6 7

41. Finden Sie die drei Figuren heraus, die nicht dazu passen.

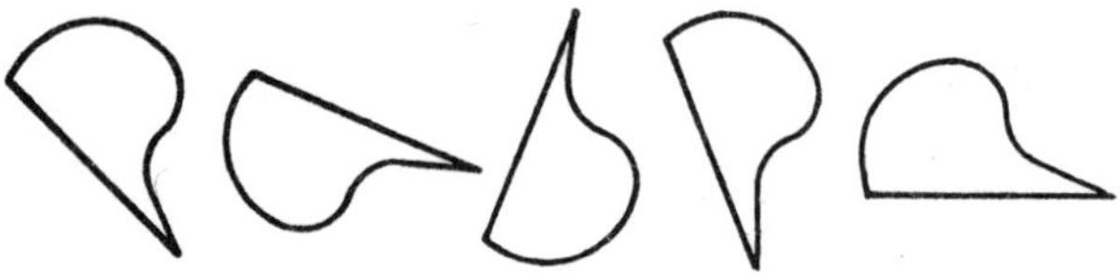

1 2 3 4 5

6 7

42. Finden Sie die zwei Figuren heraus, die nicht dazu passen.

1 2 3 4 5

43. Finden Sie die Figur heraus, die nicht dazu paßt.

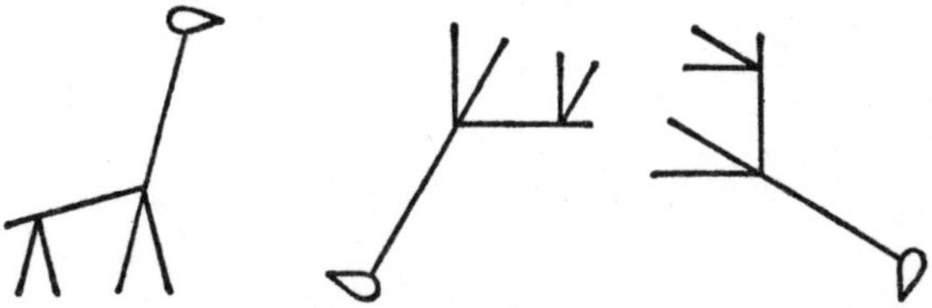

1 2 3

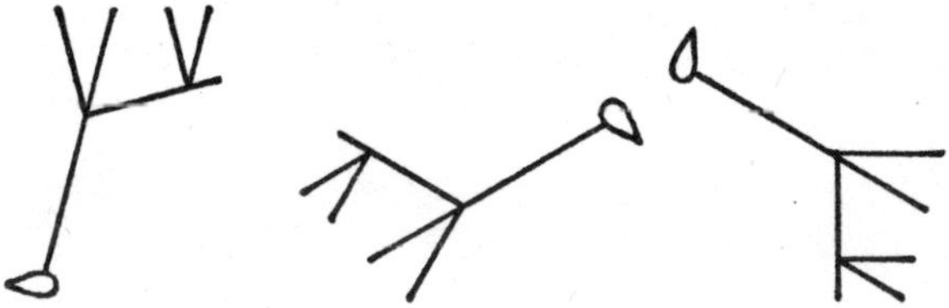

4 5 6

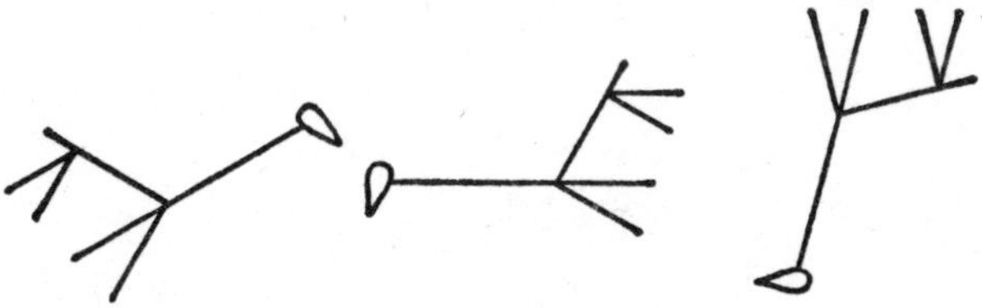

7 8 9

44. Setzen Sie die fehlende Figur ein.

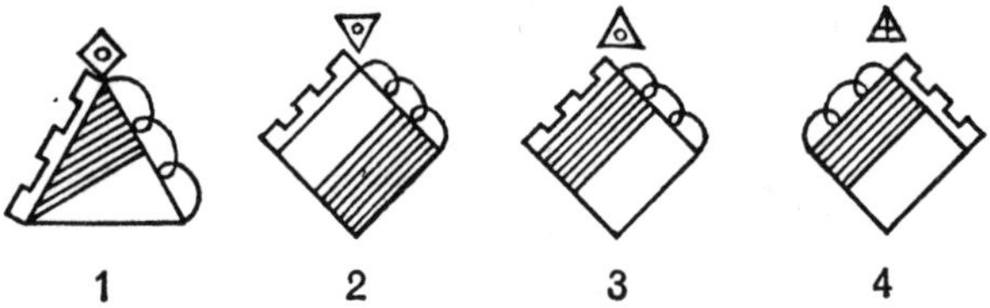

45. Finden Sie die drei Figuren heraus, die nicht dazu passen.

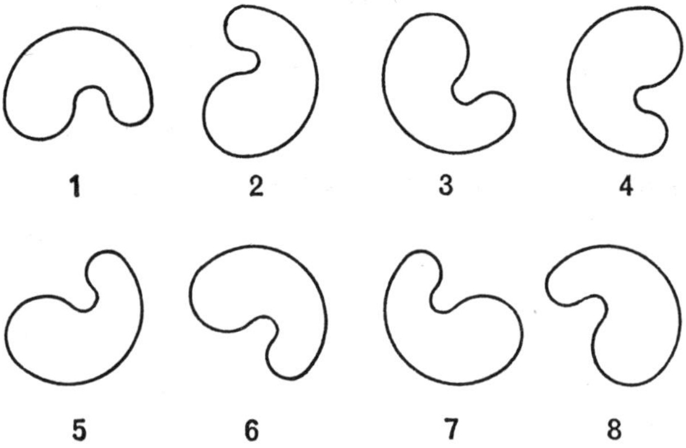

46. Finden Sie die Figur heraus, die nicht dazu paßt.

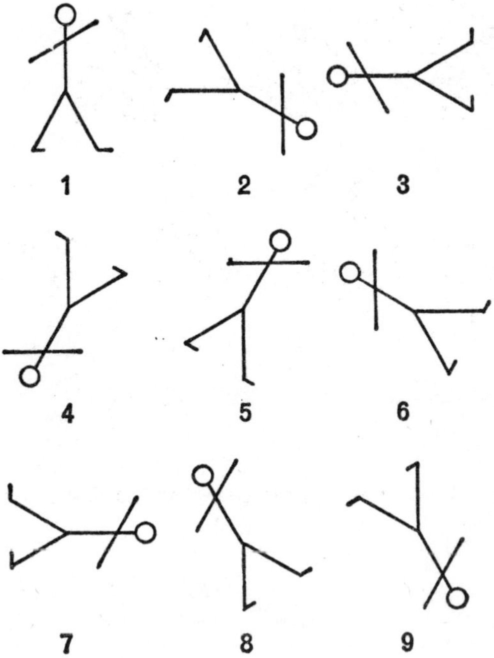

Aufgabe 47 auf der nächsten Seite.

47. Finden Sie die drei Figuren heraus, die nicht dazu passen.

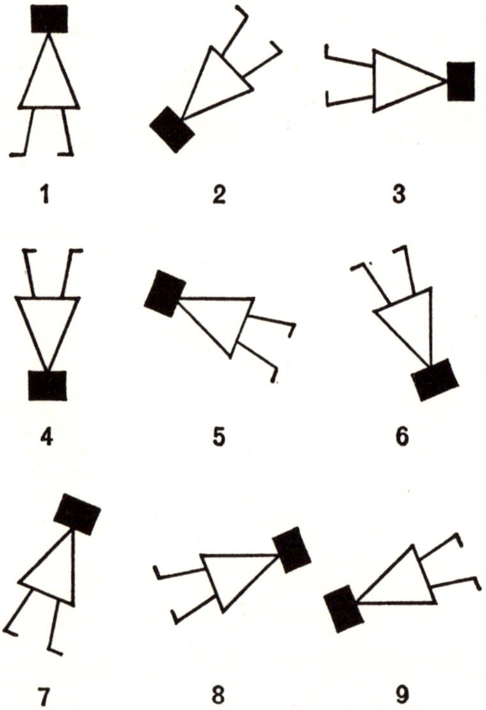

48. Finden Sie die drei Figuren heraus, die nicht dazu passen.

Aufgabe 49 auf der nächsten Seite.

49. Finden Sie die drei Figuren heraus, die nicht dazu passen.

1

2

3

4

5

6

7

8

9

50. Welche Figur gehört nicht dazu?

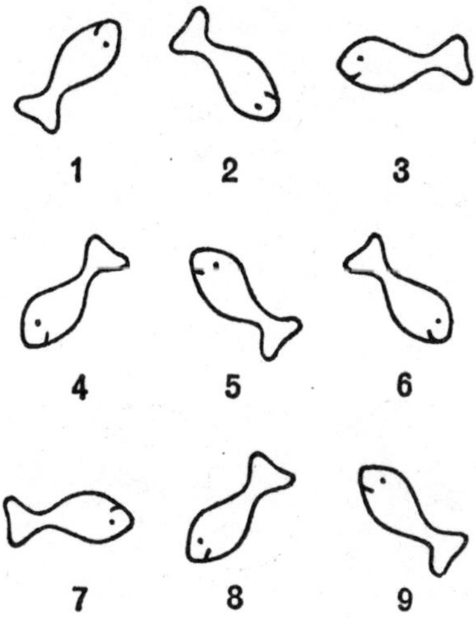

Denksport I für Superintelligente

Die folgenden beiden Tests sind keine IQ-Tests und können nicht in Punkte umgesetzt werden. Sie sind sehr schwierig, und wenn Sie sich an einem Abend durch einen durcharbeiten und die Hälfte der Antworten richtig ist, haben Sie wahrscheinlich keinen IQ, der unter dem eines durchschnittlichen Gymnasiasten liegt. Wenn Sie noch mehr richtig lösen, machen Sie Ihre Sache wirklich gut. Wenn Sie einen durchschnittlichen IQ haben, ist es möglich, daß Sie gar keine richtige Lösung finden werden, oder nur eine oder zwei.

Das hier sind nur sehr grobe Anhaltspunkte; Tests mit diesem Schwierigkeitsgrad können aber unmöglich präziser sein.

Anmerkung: Bei den sprachlichen Aufgaben ist für die Umlaute Ä, Ö, Ü AE, OE und UE zu setzen.

1. Setzen Sie die fehlenden Zahlen ein.

3	7	13	21	?
5	20	51	104	?

2. WEITSCHWEIFIG ist zu ZUSAMMENHAENGEND wie UNLOESLICH zu ?
ZWEIFELHAFT UEBERGEWICHT UNUNTERBROCHEN WALLEND UNGEWOEHNLICH

3. Setzen Sie die fehlende Zahl ein.
118 119 226 235 ?

4. Wenn FEIG – DACH = 101, dann
AFFE – FADE = ?

5. KONSERVATIVE = 75
LIBERALE = ?

6. LAUS ist zu ELFEN
wie SKALP zu?
BEUTE NORNE GUSTO MIME GRIFF

7. Setzen sie die fehlende Zahl ein.
7 10 ? 94 463

8. GENERATION = 95
KONVULSION = ?

9. Setzen Sie den fehlenden Buchstaben ein.
   B C E J ?

10. ALL ist zu ZOO
    wie POL zu ?
    ALT ART KLO TOT LOB

11. Setzen Sie die fehlende Zahl ein.
    0 2 8 18 ?

12. Stehen Sie auf, singen Sie mit Nationalstolz und dann setzen Sie die fehlende Zahl ein.
    $9^8/_9$ 13 $10^4/_5$ 10 ?

13. Setzen Sie die Reihe fort:
    1 1 2 3 5 8 13 21 ?
    Es gibt zwei Lösungsmöglichkeiten, eine leichte und eine schwierige. Versuchen Sie, ob Sie beide finden können.

14. Setzen Sie die fehlende Zahl ein.
    NASS = 149
    LIEB = 53
    GROB = 96
    LAUT = ?

15. Setzen Sie die fehlende Zahl ein.
    2 20 42 68 ?

16. Setzen Sie die fehlende Zahl ein.
    BELOHNT = 62
    ZUGEORDNET = 100
    STARRSINNIG = ?

17. Welches Wort paßt nicht dazu?
    ANMASSUNG VERWERFLICH BEWUSSTLOS
    BEFLISSEN NACHAHMUNG

18. Setzen Sie die fehlende Zahl ein.

HABE	BAD	FADE
+EID	−GAB	−DIEB
3757	96	?823

19. BAROMETER ist zu GASOMETER wie KANNIBALISMUS zu ?
WIEDERBELEBEN PROTEKTIONISMUS KREUZEN HUMANISMUS

20. Setzen Sie die 9 fehlenden Zahlen ein.
(39 444 12 67 364) (19 444) (67 4 364 403)
(19 84 28) (52 4 199 364) (? ? ? ? ? ? ? ? ?)

Denksport II
für Superintelligente

1. Setzen Sie die fehlende Zahl ein.
   $3^{1}/_{2}$ 4 7 14 49 ?

2. Wenn CARUSO = 84 und GIGLI = 56,
   wieviel ist dann CROSBY wert?

3. Setzen Sie die fehlende Zahl ein.
   8 10 16 34 ?

4. AUTO = 5
   FAHRRAD = 8
   UNFALL = ?

5. EVA – ADAM = INGE – ?
   FRITZ KARL HANS EMIL HEINZ

6. ORANGENSAFT = PUMPERNICKEL = ?
   EMOTIONAL PISTAZIE LASZIVITAET PLAGIAT

7. Setzen Sie den fehlenden Buchstaben ein.
   E N S V ?

8. REMBRANDT = 83
   CEZANNE = 48
   SPITZWEG = ?

9. Welches Wort paßt nicht dazu?
   WOG FOX GUT HEB

10. Wenn ein BAUM ohne LAUB LEER ist und wenn er 25 Meter hoch ist, wie hoch ist dann der zusammengerechte Haufen LAUB, Blatt auf Blatt gelegt?

11. Setzen Sie die fehlende Zahl ein.
    −1 −1 1 11 49 ?

12. Welches Wort paßt nicht dazu?
    CHLOR MASS DENKEN FLUNDER BABYLON

13. PESTILENZ – PASTOREN
= PISTAZIEN – ?
PETROLEUM POMERANZE PASTETE PASTICCIO

14. Setzen Sie die fehlende Zahl ein.

3	24	4
5	120	100
1	0	?

15. Welches Wort paßt nicht dazu?
MAL HUT JAK LOK MAN

16. ZN + XT = TZ
und ZV × ZR = ZJR
was ist dann Z + Z?

17. ELEKTRIZITAET – GAS = 100
HANS – GRETE = ?

18. Setzen Sie die fehlende Zahl ein.
7 49 441 ?

19. Setzen Sie die erste Zahl in der Reihe ein.
(Es ist nicht 2!)
? 3 4 6 8 12

20. Wie viele Kinder hat ALBERT?

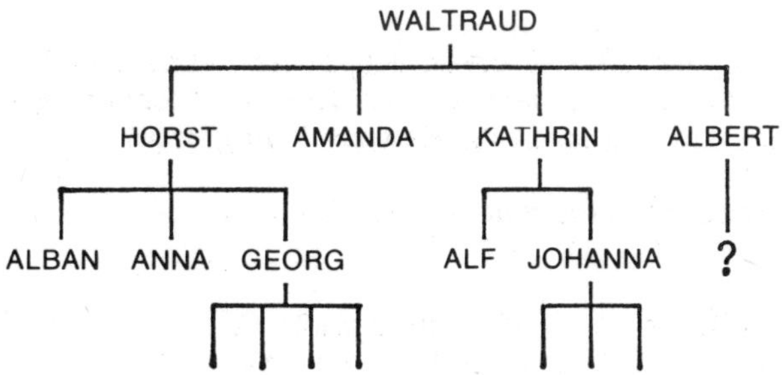

Antworten und Erklärungen

TEST EINS

1. 4.
2. EIS.
3. SCHLAMMBAD. (Alle anderen sind Küchenutensilien: Schüssel, Gabel, Teller.)
4. 11. (Wenn man die Zahl auf der Tür von der Summe der Zahlen in den Fenstern subtrahiert, erhält man die Zahl auf dem Dach.)
5. ROSE. (Der erste Buchstabe des eingeklammerten Wortes ist der erste Buchstabe des ersten Wortes, der zweite ist der zweite Buchstabe des ersten Wortes, der dritte ist der erste Buchstabe des zweiten Wortes, der vierte ist der zweite Buchstabe des zweiten Wortes.)
6. 25. (Addieren Sie die sechs Ziffern außerhalb der Klammern.)
7. 3. (Man erhält die einzelnen Zahlen, wenn man zur vorhergehenden Zahl 2 addiert und sie dann durch 2 teilt; $4 + 2 = 6$; 6 geteilt durch $2 = 3$.)
8. MAKKARONI. (Alle anderen sind Einrichtungsgegenstände: Tisch, Stuhl, Teppich.)
9. 6. (Kreis, Dreieck und Quadrat können außen oder innen sein; die innere Form kann schwarz, weiß oder schraffiert sein. Jede Figur kommt nur einmal in jeder Reihe und Spalte vor.)
10. 5. (Hier gibt es drei Figuren, die sich nach der Linie in der Mitte des Rechtecks unterscheiden, und drei kleine Formen innerhalb dieser Figuren: Kreuz, Raute und Punkt; jede dieser Formen erscheint an zwei verschiedenen Stellen in jeder der drei Rechteckfiguren.)
11. F. (Überspringen Sie abwechslungsweise 2 und 3 Buchstaben rückwärts im Alphabet.)
12. DIES.
13. 54. (Die Zahlen der rechten Hälfte des Kreises mal 3 genommen sind die gegenüberliegenden Zahlen der linken Hälfte.)

14. 11. (Halbieren Sie die erste Zahl in jeder Reihe, addieren Sie zweimal die zweite Zahl, und Sie erhalten die dritte.)

15. 27. (Die Zahl in Klammern ist die Differenz zwischen den Zahlen außerhalb der Klammern.)

16. U und N. (Das Wort heißt ZAUDERND im Gegenuhrzeigersinn gelesen.)

17. 2. (Der Kreis hat entweder keine oder senkrechte oder horizontale Linien; die kleinen Kreise außerhalb nehmen eine von drei Stellungen ein und unterscheiden sich außerdem im Helligkeitswert ihrer Flächen.)

18. 2. (Die Figur in der dritten Spalte wird aus denjenigen Linien der Figuren in den beiden ersten Spalten gebildet, die diese nicht gemeinsam haben.)

19. 18. (Quadrieren Sie jeweils die Zahlen 2, 3, 4, 5 und addieren Sie jedesmal 2.)

20. 76. (Addieren Sie die Zahlen außerhalb der Klammern und verdoppeln Sie die Summe.)

21. TUBE. (Der erste Buchstabe des eingeklammerten Wortes ist der dritte Buchstabe des ersten Wortes, der zweite ist der erste Buchstabe des ersten Wortes, der dritte ist der zweite Buchstabe des zweiten Wortes, der vierte ist der dritte Buchstabe des zweiten Wortes.)

22. STIFT.

23. SKUNK. (Alle anderen sind Schiffe: Barke, Fähre, Yacht.)

24. BIRNE.

25. R. (Überspringen Sie jeweils in den drei Reihen 2, 3 bzw. 4 Buchstaben.)

26. L und H. (Das Wort heißt KLARHEIT im Uhrzeigersinn gelesen.)

27. 2. (Hier gibt es drei Typen von Hauptfiguren, auf denen ein Kreuz, ein Pfeil oder ein X sind.)

28. 1. (Hier sind es drei verschieden geformte Vasen, die schwarz, weiß oder schraffiert sind, drei verschiedene Stengel und drei verschiedene Blüten. Alle kommen nur einmal in jeder Reihe und Spalte vor.)

29. 1. (Stacheln außerhalb des Kreises zählen +1; innerhalb zählen sie −1. 2 + 2 = 4.)

30. SOLO. (Der erste Buchstabe des eingeklammerten Wortes ist der dritte Buchstabe des ersten Wortes, der zweite ist der zweite Buchstabe des ersten Wortes, der dritte ist der vierte Buchstabe des zweiten Wortes, der vierte ist der zweite Buchstabe des zweiten Wortes.

31. RUTE.

32. 64. (Kubieren Sie jeweils die Zahlen 1, 2, 3, 4, bzw. multiplizieren Sie 1, 2, 3, 4 dreimal mit sich selbst.)

33. EHRE. (Der erste Buchstabe des eingeklammerten Wortes ist der fünfte Buchstabe des ersten Wortes, der zweite ist der dritte Buchstabe des ersten Wortes, der dritte ist der erste Buchstabe des zweiten Wortes, der vierte ist der zweite Buchstabe des zweiten Wortes.

34. DIENSTAG. (Mauer, Dach und Fenster sind Bestandteile vom Haus.)

35. —— G —— 7 —— (Jeweils ein Buchstabe wird übersprungen, abwechslungsweise vom Nenner zum Zähler und umgekehrt; ebenso bei den Zahlen, die den Buchstaben im Alphabet entsprechen.)

36. STELLE.

37. KAUT. (Der erste Buchstabe des eingeklammerten Wortes ist der zweite Buchstabe des ersten Wortes, der zweite ist der dritte Buchstabe des ersten Wortes, der dritte ist der dritte Buchstabe des zweiten Wortes, der vierte ist der vierte Buchstabe des zweiten Wortes.)

38. 1. (In jeder Reihe und Spalte gibt es drei verschiedene Ballformen, drei Kopfformen, drei Stiefeltypen und drei Armhaltungen; die, die nicht in den zwei Zeichnungen in der letzten Reihe und Spalte vorkommen, müssen in der fehlenden Figur erscheinen.)

39. 6. (Hier gibt es drei Rocktypen, drei Armhaltungen und drei Arten von Füßen.)

40. 1. (Die zweiten und dritten Figuren in jeder Reihe enthalten innen, um 90 Grad gedreht, jeweils eine der zwei kleinen inneren Figuren aus der ersten Zeichnung.)

TEST ZWEI

1. 4. (Hier gibt es drei Figuren und dreierlei Helligkeitswerte.)
2. UM.
3. 10. (Die Summe der Zahlen auf den Zugrädern gibt die Zahl im Schornstein.)
4. 2. (Hier gibt es bei den gebogenen Linien drei verschiedene Enden: Pfeilende, Pfeilspitze und gerade Linie. In allen vier Positionen kommt jedes Ende nur einmal in jeder Reihe und Spalte vor.)
5. TAUBE. (Alle anderen sind Gebrechen: stumm, blind, lahm.)
6. ATEM. (Der erste Buchstabe des eingeklammerten Wortes ist der vierte Buchstabe des ersten Wortes, der zweite ist der dritte – oder fünfte – Buchstabe des ersten Wortes, der dritte ist der vierte Buchstabe des zweiten Wortes, der vierte ist der dritte Buchstabe des zweiten Wortes.)
7. 52. (Nehmen Sie die Differenz zwischen den beiden Zahlen außerhalb der Klammern, dividieren Sie dann durch 2. 218 − 114 = 104; 104 : 2 = 52.)
8. 66. (Jede Zahl ist zweimal die vorhergehende minus 2.)
9. ESEL. (Alle anderen sind Farben: purpur, azurn, violett.)
10. 44. (Man muß im Uhrzeigersinn gehen und oben anfangen: Zählen Sie zu der niedrigsten Zahl 6 dazu, um die zweite Zahl zu bekommen; vergrößern Sie dann jedesmal die vorherige zu addierende Zahl um 2. Dann ist also 8 + 6 = 14; 14 + 8 = 22; 22 + 10 = 32; 32 + 12 = 44.)
11. 1. (Hier gibt es drei Armtypen: keine Arme, ein Arm oder zwei Arme; drei Schuhtypen: keine Schuhe, quadratische oder runde; und es gibt drei verschiedene Stellungen.)
12. L. (Gehen Sie abwechselnd 2 vorwärts und 4 rückwärts.)

13. EIN.
14. 6. (Hier gibt es für den Pfeil innerhalb des Quadrats dreierlei Stellungen und für den Pfeil auf der Außenlinie des Quadrats dreierlei Stellungen; es gibt eine, zwei oder drei Stützen.)
15. 77. (Subtrahieren Sie die linke Zahl von der rechten Zahl und dividieren Sie sie durch 2.)
16. 3. (Subtrahieren Sie die zweite Reihe von der ersten Reihe und multiplizieren Sie die Differenzen mit 3, dann erhalten Sie die dritte Reihe.)
17. F und T. (Das Wort heißt PFLASTER im Gegenuhrzeigersinn gelesen.)
18. GRIFF.
19. 484. (Multiplizieren Sie die Differenz zwischen den äußeren Zahlen mit 2.)
20. BART. (Der erste Buchstabe des eingeklammerten Wortes ist der vierte Buchstabe des ersten Wortes, der zweite ist der zweite Buchstabe des ersten Wortes, der dritte ist der dritte Buchstabe des zweiten Wortes, der vierte ist der erste Buchstabe des zweiten Wortes.)
21. 24. (Quadrieren Sie die Zahlen 1 bis 5 und subtrahieren Sie jedesmal 1.)
22. GEWEHRE. (Alle anderen sind Früchte: Nüsse, Traube, Pflaume.)
23. BLAU.
24. 5. (Die Figur in der dritten Spalte wird von denjenigen Linien der Figuren in den ersten beiden Spalten gebildet, die die beiden nicht gemeinsam haben.)
25. NASE. (Der erste Buchstabe des eingeklammerten Wortes ist der dritte Buchstabe des ersten Wortes, der zweite ist der zweite Buchstabe des ersten Wortes, der dritte ist der vierte Buchstabe des zweiten Wortes, der vierte ist der dritte Buchstabe des zweiten Wortes.)
26. 35. (Addieren Sie jeweils 7, 8, 9, 10 zu den einzelnen Zahlen und Sie erhalten die nächste Zahl.)

27. 6. (Die Kreise sind entweder mit vertikalen, horizontalen oder schrägen Linien halbiert und entweder schraffiert, schwarz oder weiß.)

28. FLÜGEL.

29. W. (Überspringen Sie, um von den Buchstaben in Spalte 2 zu denen in Spalte 3 zu kommen, so viele Buchstaben im Alphabet, wie Sie überspringen müssen, um von Spalte 1 zu Spalte 2 zu kommen. Man überspringt also von I zu P 6 Buchstaben, und von P 6 übersprungen ergibt W.)

30. 4. (Die Männchen außerhalb des Quadrats zählen +1, innerhalb −1. 1 − 1 = 0.)

31. 4. (Es gibt drei Hauptfiguren, dreierlei kleine Figuren innerhalb der Hauptfiguren und dreierlei Stützen.)

32. N und G. (Das Wort heißt EINLAGEN im Gegenuhrzeigersinn gelesen.)

33. HERB. (Der erste Buchstabe des eingeklammerten Wortes ist der dritte Buchstabe des ersten Wortes, der zweite ist der erste Buchstabe des ersten Wortes, der dritte ist der erste Buchstabe des zweiten Wortes, der vierte ist der dritte Buchstabe des zweiten Wortes.)

34. MAGEN. (Bild, Gemälde und Foto bilden etwas ab.)

35. $\frac{S}{V}$ (Die Buchstaben gehen jedesmal drei Stellen im Alphabet weiter; zuerst vom Zähler zum Nenner, dann zum nächsten Zähler, dann zum Nenner etc.)

36. TAUBE.

37. 6. (Die Kreise werden von links nach rechts weniger, die Quadrate werden entsprechend mehr.)

38. 55. (Multiplizieren Sie die Differenz zwischen den Zahlen außerhalb der Klammern mit 11.)

39. 6. (Es gibt drei Arten von Rechtecken und dreierlei Stellungen für den Kreis; außerdem können Kreis und Rechteck entweder weiß, schwarz oder schraffiert sein. Keines dieser vier Charakteristiken wird in einer Reihe oder Spalte wiederholt.)

40. NEIN. (Der erste Buchstabe des eingeklammerten Wortes ist der dritte Buchstabe des ersten Wortes, der zweite ist der erste Buchstabe des zweiten Wortes, der dritte ist der erste Buchstabe des ersten Wortes, der vierte ist der fünfte Buchstabe des zweiten Wortes.)

TEST DREI

1. 4. (Es gibt drei Hauptfiguren und in jeder ein Kreuz, einen Kreis oder ein Pluszeichen.)
2. TRÖSTER. (Alle anderen sind Fischarten: Hecht, Hering, Haifisch.)
3. HALB.
4. 6. (Die Summe der Zahlen im rechten und unteren Sektor ist gleich der Zahl im linken Sektor.)
5. FIEL. (Der erste Buchstabe des eingeklammerten Wortes ist der vierte Buchstabe des ersten Wortes, der zweite ist der dritte Buchstabe des ersten Wortes, der dritte ist der vierte Buchstabe des zweiten Wortes, der vierte ist der fünfte Buchstabe des zweiten Wortes.)
6. 324. (Addieren Sie die Zahlen außerhalb der Klammern und dividieren Sie die Summe durch 3.)
7. 168. (Multiplizieren Sie jede Zahl mit 3 und ziehen Sie 12 ab.)
8. X. (Die Buchstaben gehen um 4, 5, 6 und 7 Schritte im Alphabet weiter.)
9. 6. (Dividieren Sie die Zahlen rechts jeweils durch 3, 4, 5 und 6, und Sie erhalten die Zahlen im gegenüberliegenden Sektor.)
10. 5. (Es gibt drei Arten von Schraffierungen, wovon jede Figur jeweils zwei auf ihren beiden Seiten hat. Jede Figur kommt nur einmal in jeder Reihe und Spalte vor.)
11. 5. (In jeder Reihe erscheinen alle drei Figuren und alle drei Innenfiguren.)

12. URBAN.
13. LIEBE. (Die Wörter beginnen alle mit den Anfangsbuchstaben des Alphabets A, B, C, D, aber LIEBE paßt nicht in diese Reihenfolge.)
14. 16. (Dividieren Sie die linke Seite durch die rechte Seite und multiplizieren Sie dann mit zwei.)
15. D und E. (Das Wort heißt SOLDATEN im Uhrzeigersinn gelesen.)
16. 14. (Multiplizieren Sie die erste mit der dritten Spalte und addieren Sie 2, dann erhalten Sie die zweite Spalte.)
17. EI.
18. 39. (Addieren Sie die Zahlen außerhalb der Klammern und dividieren Sie die Summe durch 3, dann erhalten Sie die Zahl innerhalb der Klammer.)
19. 1. (Es gibt dreierlei Formen, dreierlei Nasen und dreierlei Augentypen.)
20. ALTE. (Der erste Buchstabe des eingeklammerten Wortes ist der dritte Buchstabe des ersten Wortes, der zweite ist der zweite Buchstabe des ersten Wortes, der dritte ist der zweite Buchstabe des zweiten Wortes, der vierte ist der vierte Buchstabe des zweiten Wortes.)
21. 3. (Die dritte Spalte enthält Linien, die die Spalten eins und zwei gemeinsam haben.)
22. WALFISCH. (Alle anderen sind Fußbekleidungen: Schuh, Stiefel, Socke.)
23. 3. (Die Dreiecke sind entweder weiß, schwarz oder schraffiert, und es gibt drei verschiedene Figuren auf der Spitze der Dreiecke und drei verschiedene Figuren, auf denen die Dreiecke stehen.)
24. SAGEN.
25. O. (Die Buchstaben gehen in den Reihen um jeweils 3, 4 und 5 Schritte im Alphabet weiter und in den Spalten um jeweils 1, 2 und 3 Schritte.)
26. 5. (Es gibt drei Hauptfiguren, dreierlei kleine Figuren in den Hauptfiguren und dreierlei Fahnenstellungen.)

27. 4. (In der Zahlenfolge sind zwei Reihen enthalten, deren Glieder sich abwechseln. Die eine steigt jedesmal um 3, die andere fällt jedesmal um 2.)

28. ATEM. (Der erste Buchstabe des eingeklammerten Wortes ist der dritte Buchstabe des ersten Wortes, der zweite ist der vierte Buchstabe des ersten Wortes, der dritte ist der zweite Buchstabe des zweiten Wortes, der vierte ist der dritte Buchstabe des zweiten Wortes.)

29. 3. (Männer zählen +1, Frauen −1; 2 − 2 = 0.)

30. A und B. (Das Wort heißt VAGABUND im Uhrzeigersinn gelesen.)

31. LÄUFER.

32. 154. (Addieren Sie jeweils die Zahlen 15, 17, 19 und 21.)

33. GOTT. (Der erste Buchstabe des eingeklammerten Wortes ist der erste Buchstabe des zweiten Wortes, der zweite ist der zweite Buchstabe des ersten Wortes, der dritte ist der erste Buchstabe des ersten Wortes, der vierte ist der dritte Buchstabe des zweiten Wortes.)

34. MASCHINE. (Apfel, Banane und Grapefruit sind Früchte.)

35. $\frac{K}{11}$ (Die Buchstaben und Zahlen gehen jeweils um drei Stellen weiter, und zwar abwechslungsweise vom Zähler zum Nenner und umgekehrt.)

36. 1. (Es gibt drei Dreiecksgrößen, drei Arten von Helligkeitswerten, drei verschiedene Stellungen für den Kreis und entweder ein, zwei oder drei Beine. Jedes Merkmal kann man nur einmal in jeder Reihe oder Spalte finden.)

37. WEG.

38. 78. (Addieren Sie die Zahlen außerhalb der Klammern und multiplizieren Sie die Summe mit 3, dann erhalten Sie die Zahl innerhalb der Klammer.)

39. TORE. (Der erste Buchstabe des eingeklammerten Wortes ist der erste Buchstabe des ersten Wortes, der zweite ist der zweite Buchstabe des zweiten Wortes, der dritte ist der dritte Buchstabe des zweiten Wortes, der vierte ist der vierte Buchstabe des ersten Wortes.)

40. 1. (Alle schwarzen Fische sind nach rechts ausgerichtet, die weißen Fische abwechselnd nach rechts und links.)

TEST VIER

1. 1. (Es gibt zwei, drei oder vier Beine und einen spitzen, rechteckigen oder runden Aufsatz.)
2. DIE.
3. TELEPHON. (Alle anderen sind Tiere: Bison, Zebra und Tiger.)
4. TUBA. (Der erste Buchstabe des eingeklammerten Wortes ist der vierte Buchstabe des ersten Wortes, der zweite ist der zweite Buchstabe des ersten Wortes, der dritte ist der dritte Buchstabe des zweiten Wortes, der vierte ist der erste Buchstabe des zweiten Wortes.)
5. 4. (Von links nach rechts verringert sich die Anzahl der Linien um jeweils eine in beiden Richtungen.)
6. 322. (Zweimal die Differenz zwischen den Zahlen außerhalb der Klammern ergibt die Zahl in der Klammer.)
7. $\frac{19}{22}$ (Es gibt zwei Reihen, deren Glieder im Wechsel vom Zähler zum Nenner und umgekehrt um 2, 3, 4 und 5 wachsen.)
8. 11. (Subtrahieren Sie die Summe der Füße von der Summe der Hände, dann erhalten Sie die Zahl im Kopf.)
9. 15. (Addieren Sie 3, dann 6, dann 9 und schließlich 12.)
10. NASE. (Alle anderen sind Schreibmaterialien: Papier, Schiefertafel, Pergament.)
11. E und T. (Das Wort heißt DIENSTAG im Gegenuhrzeigersinn gelesen.)
12. 6. (Es gibt drei Hauptfiguren, drei Arten von Helligkeitswerten und drei verschiedene Figuren auf den Hauptfiguren.)
13. A. (Die Buchstaben gehen in der Reihe um jeweils 3, 4, 5 und 6 Stellen im Alphabet rückwärts.)

14. 6. (Die Öffnung ist entweder oben, links oder rechts; innen ist entweder ein Kreuz, ein Dreieck oder ein Kreis; über der Öffnung gibt es eine, zwei oder drei Linien.)
15. 75. (Multiplizieren Sie die linke mit der rechten Zahl und dividieren Sie dann durch 2, bzw. teilen Sie die linke Zahl durch 2 und multiplizieren Sie sie mit der rechten oder umgekehrt.)
16. PASS.
17. 4. (Jede Spalte läßt sich zu 9 addieren.)
18. 5. (Die Pfeile zeigen in dreierlei Richtungen und haben entweder eine, zwei oder drei Spitzen. Es gibt auch drei verschiedene Pfeilenden.)
19. 677. (Quadrieren Sie jede Zahl und addieren Sie 1, dann erhalten Sie das nächste Glied.)
20. 4. (Die dritte Figur besteht aus den Linien der zweiten Figur minus denjenigen der ersten Figur.)
21. AN.
22. 36. (Subtrahieren Sie die rechte von der linken Zahl und verdoppeln Sie dann.)
23. BALD. (Der erste Buchstabe des eingeklammerten Wortes ist der dritte Buchstabe des ersten Wortes, der zweite ist der vierte Buchstabe des ersten Wortes, der dritte ist der dritte Buchstabe des zweiten Wortes, der vierte ist der erste Buchstabe des zweiten Wortes.)
24. 5. (Die Tiere unterscheiden sich durch Körperform, Zahl der Beine und Art der Füße.)
25. BUCHEN.
26. Y. (In der ersten Reihe gehen die Buchstaben um 3, in der zweiten Reihe um 4, in der letzten Reihe um 5 Stellen in alphabetischer Reihenfolge weiter.)
27. MAUS. (Alle anderen sind Sitze: Stuhl, Schemel, Thron.)
28. ECKE. (Der erste Buchstabe des eingeklammerten Wortes ist der zweite Buchstabe des ersten Wortes, der zweite ist der dritte Buchstabe des ersten Wortes, der dritte ist der vierte Buchstabe des zweiten Wortes, der vierte ist der fünfte Buchstabe des zweiten Wortes.)

29. U und L. (Das Wort heißt HAUSHALT im Uhrzeigersinn gelesen.)

30. 3. (Quadrieren Sie die Zahlen 8, 6, 4, 2 und addieren und subtrahieren Sie abwechselnd 1.)

31. 1. (Lebendige Hunde zählen +1, tote −1.)

32. LASTER.

33. BLOSS.

34. FISCH. (Alle anderen sind Körperteile: Nase, Mund, Magen und Hände.)

35. LUKE. (Der erste Buchstabe des eingeklammerten Wortes ist der vierte Buchstabe des ersten Wortes, der zweite ist der zweite Buchstabe des ersten Wortes, der dritte ist der fünfte Buchstabe des zweiten Wortes, der vierte ist der dritte Buchstabe des zweiten Wortes.)

36. 2. (Es gibt drei Stellungen: hinauf, hinunter und seitwärts, drei Arten von Spitzen, und am Ende eine, zwei oder drei Linien. Jedes Merkmal kommt nur einmal in jeder Reihe und Spalte vor.)

37. 2. (Es gibt bei jeder Figur unten eine, zwei oder drei Linien; die Querstange ist gerade, nach unten oder oben gebogen, und die Bälle zur Rechten und zur Linken sind verschieden voneinander schwarz, weiß oder schraffiert. Jedes Merkmal kommt nur einmal in jeder Reihe oder Spalte vor, so daß also diejenigen Merkmale, die nicht in der dritten Reihe oder Spalte vertreten sind, in der fehlenden Figur erscheinen müssen.)

38. SEIT. (Der erste Buchstabe des eingeklammerten Wortes ist der erste Buchstabe des ersten Wortes, der zweite ist der zweite Buchstabe des zweiten Wortes, der dritte ist der dritte Buchstabe des zweiten Wortes, der vierte ist der vierte Buchstabe des ersten Wortes.)

39. O / 16 (Addieren Sie in der Zahlenreihe 3, 4 und 5. Nehmen Sie in der Buchstabenreihe den darauffolgenden dritten, vierten und fünften Buchstaben.)

40. −4. (Nehmen Sie die Reihe 8, 10, 12, 14, 16. Addieren Sie 1, 2, 3 usw. Das ergibt: 9, 12, 15, 18, 21. Subtrahieren Sie 1^2, 2^2, 3^2 usw., also: −1, −4, −9, −16, −25. Sie erhalten dann: 8, 8, 6, 2, −4.)

TEST FÜNF

1. 1. (Hier gibt es dreierlei Arten von Köpfen und dreierlei Stellungen der Arme.)
2. ER.
3. FINNE. (Alle anderen sind Farben: indigo, schwarz, weiß.)
4. 18. (Die Zahl am Schwanz ist dreimal die Differenz zwischen den Zahlen an den Flügeln.)
5. 1. (Auf der rechten und linken Seite jeder Figur gibt es schwarze, weiße und schraffierte Rechtecke; jede Figur kommt nur einmal in jeder Reihe und Spalte vor.)
6. 5. (Es gibt zwei alternierende Reihen: 5, 4, 3 und 7, 6, 5.)
7. 4. (Hier müssen dreierlei Ladungen transportiert werden, die Vorderräder haben dreierlei Helligkeitswerte, und es gibt dreierlei Kopplungen.)
8. SILO. (Der erste Buchstabe des eingeklammerten Wortes ist der fünfte Buchstabe des ersten Wortes, der zweite ist der dritte Buchstabe des ersten Wortes, der dritte ist der vierte Buchstabe des zweiten Wortes, der vierte ist der dritte Buchstabe des zweiten Wortes.)
9. 1. (Wenn man von der Zahl auf der linken Seite der Klammer die Quersumme bildet und davon die Quersumme der Zahl auf der rechten Seite der Klammer abzieht, erhält man die Zahl innerhalb der Klammer.)
10. WÜRMER. (Alle anderen sind Schreibinstrumente: Bleistift, Federkiel, Kreide.)
11. T. (Die Buchstaben überspringen 2, 3, 4 und 5 Stellen im Alphabet.)

12. $\frac{8}{7}$ (Es gibt zwei Reihen, deren Glieder im Wechsel vom Zähler zum Nenner und umgekehrt jeweils um 2 Stellen ansteigen.)

13. B und E. (Das Wort heißt ÜBERBEIN im Gegenuhrzeigersinn gelesen.)

14. 1. (Die Figuren haben drei Arten von Stiefeln, drei verschiedene Stellungen und dreierlei Frisuren.)

15. 3. (Wenn man die Linien der Zeichnungen in Spalte 2 von denen in Spalte 1 wegnimmt, bekommt man die Linien in Spalte 3.)

16. ADE.

17. 211. (Addieren Sie die linke und die rechte Zahl und dividieren Sie durch 3, dann erhalten Sie die Zahl in der Klammer.)

18. 6. (Addieren Sie, um die dritte Zahl zu bekommen, die beiden anderen Zahlen und nehmen Sie 1 weg.)

19. HALT.

20. 53. (Die Hälfte der Differenz zwischen den Zahlen außerhalb der Klammern ergibt die Zahl innerhalb der Klammer.)

21. REIM. (Der erste Buchstabe des eingeklammerten Wortes ist der dritte Buchstabe des zweiten Wortes, der zweite ist der vierte Buchstabe des zweiten Wortes, der dritte ist der dritte Buchstabe des ersten Wortes, der vierte ist der vierte Buchstabe des ersten Wortes oder der fünfte Buchstabe des zweiten Wortes.

22. 63. (Kubieren Sie jeweils die Zahlen 1, 2, 3 und 4 und ziehen Sie jedesmal 1 ab.)

23. HARALD. (Alle anderen sind Mädchennamen: Irma, Brigitte, Nelly.)

24. 6. (Hier gibt es dreierlei Gesichts- und Ohrformen und dreierlei Hutarten. Jedes Einzelteil kommt in jeder Reihe und Spalte nur einmal vor.)

25. WAAGE.

26. U. (Erste Reihe und erste Spalte, zweite Reihe und zweite Spalte, dritte Reihe und dritte Spalte ergeben dieselben Wörter, und U ist der einzige Buchstabe, der ein Wort ergibt.)

27. 131. (Subtrahieren und addieren Sie jeweils im Wechsel die Zahlen 3, 9, 27 und 81; die zu subtrahierende bzw. zu addierende Zahl wird also jedesmal verdreifacht.)

28. 1. (Die Geister haben entweder einen, zwei oder drei Striche am Hals, eine, zwei oder drei Flügelfedern und weiße, schwarze oder schraffierte Unterteile.)

29. BARS. (Der erste Buchstabe des eingeklammerten Wortes ist der erste Buchstabe des ersten Wortes, der zweite ist der dritte Buchstabe des ersten Wortes, der dritte ist der zweite Buchstabe des zweiten Wortes, der vierte ist der fünfte Buchstabe des zweiten Wortes.)

30. 3. (Die Schleifen außerhalb der Figur zählen plus, die Schleifen innerhalb zählen minus. $-3 + 4 = +1$, also ist die Lösung eine Schleife außerhalb der Figur.)

31. LARVE.

32. LAUS. (Alle anderen sind Einrichtungsgegenstände: Teppich, Pult, Stuhl.)

33. A und A. (Das Wort heißt NAHRHAFT im Uhrzeigersinn gelesen.)

34. Q / L (Die Glieder der einen Reihe, die vom Zähler des einen Quadratpaares zum Nenner des nächsten Quadratpaares wechseln usw., gehen jedesmal um drei Buchstaben im Alphabet weiter; die Glieder der alternierenden Reihe gehen jedesmal um vier weiter.)

35. SATT. (Der erste Buchstabe des eingeklammerten Wortes ist der erste Buchstabe des zweiten Wortes, der zweite ist der dritte Buchstabe des ersten Wortes, der dritte ist der zweite Buchstabe des ersten oder zweiten Wortes, der vierte ist der vierte Buchstabe des ersten Wortes.)

36. SCHAL.

37. KOST. (Der erste Buchstabe des eingeklammerten Wortes ist der vierte Buchstabe des ersten Wortes, der zweite ist der zweite Buchstabe des ersten Wortes, der dritte ist der dritte Buchstabe des zweiten Wortes, der vierte ist der vierte Buchstabe des zweiten Wortes.)

38. 5. (Es gibt hier drei Hauptfiguren; in jeder sind drei kleine Figuren, von denen jede eine von drei möglichen Stellungen einnimmt; eine der kleinen Figuren ist schwarz. Jedes Merkmal kommt in jeder Reihe oder Spalte nur einmal vor.)

39. 4. (Die Figur in der dritten Spalte wird aus denjenigen Linien der Figuren in den ersten beiden Spalten gebildet, die diese nicht gemeinsam haben.)

40. $\frac{\overline{}\;4}{6\;\underline{}}$ (Es sind zwei Reihen, deren Glieder vom Zähler des einen Quadratpaares zum Nenner des nächsten Quadratpaares wechseln, und umgekehrt. Die eine Reihe beginnt mit 9 und fällt um 1; die andere beginnt mit 5 und fällt um 1, aber diesmal sind die Glieder quadriert.)

SPRACHLICHE FÄHIGKEITEN

1. LÖFFEL.
2. LADE.
3. MAGEN.
   (Alle anderen sind Ballspiele: Fußball, Kricket und Tennis.)
4. BER.
5. PRESSE.
6. EI.
7. LESSING.
   (Alle anderen sind Sänger: Sinatra, Crosby und Presley.)
8. SCHWARZ.
9. LAGE.
10. SCHLECHT.
11. GARTEN. (Alle anderen sind Kommunikationsmittel: Post, Radio, Telephon.)
12. SCHUH.
13. DER.
14. TON.

15. KIRSCHEN. (Alle anderen Wörter haben ein A: Karotten, Datteln, Apfelsinen und Kartoffeln.)
16. EIN.
17. ER.
18. STUHL. (Alle anderen sind Blumen: Pfingstrose, Mohn, Butterblume, Tulpe.)
19. UND.
20. WEISE.
21. NIE.
22. WALNUSS. (Alle anderen sind Hunderassen: Terrier, Schäferhund und Boxer.)
23. ARM.
24. IER.
25. ORT.
26. FLORIDA. (Alle anderen sind deutsche Bundesländer: Hessen, Bayern, Bremen.)
27. NACHLASS.
28. HORN.
29. BELGRAD. (Die anderen Städte haben alle ein O: Kairo, Tokio und Toronto.)
30. EIL.
31. ANG.
32. ACHT.
33. AUS.
34. WALFISCH.
(Alle anderen sind Vögel: Adler, Sperling und Lerche.)
35. DEL.
36. LOS.
37. EINSTEIN. (Alle anderen sind bekannt als Schriftsteller und Dichter: Hauptmann, George, Storm, Mann.)
38. LÖSUNG.
39. AGE.

40. KORB.
41. HALT.
42. FERNSEHER.
(Alle anderen sind Insekten: Moskito, Schnake, Termite.)
43. FRISCH.
44. ER.
45. OCK.
46. SIGNAL. (Alle anderen sind Tiere: Ziege, Pferd, Biber.)
47. MEN.
48. OST.
49. ARM.
50. VIOLINE. (Alle anderen sind Verwandte: Bruder, Schwester, Tante und Mutter.)

ZAHLENLOGISCHES VERSTÄNDNIS

1. 48. (Addieren Sie 2, 4, 8 und zum Schluß 16.)
2. 24. (Die Zahlen wachsen im Gegenuhrzeigersinn um 2, 3, 4, 5 bzw. 6 an.)
3. 80. (Subtrahieren Sie von jeder Zahl 33.)
4. 5. (Die Zahl auf dem Kopf ergibt sich, wenn die Arme, die hinaufzeigen, addiert werden und die Arme, die hinunterzeigen, subtrahiert werden.)
5. 18. (Die Zahlenfolge enthält zwei alternierende Reihen, die eine steigt um 4 Schritte an, die andere um 3 Schritte.)
6. 154. (Addieren Sie die Zahlen außerhalb der Klammern und multiplizieren Sie mit 2.)
7. 3. (Nehmen Sie die Differenz zwischen den Zahlen in den ersten beiden Spalten und dividieren Sie durch 2.)
8. 86. (Verdoppeln Sie die Zahlen und subtrahieren Sie dann jeweils 1, 2, 3 bzw. 4.)

9. 333. (Subtrahieren Sie die linke Zahl von der rechten Zahl, dann erhalten Sie die Zahl in Klammern.)
10. 35. (Die Glieder der Reihe steigen um 1, 2, 4, 8 und 16 Schritte an.)
11. 5. (Die Zahl auf dem Kopf ist die halbe Summe der Zahlen auf den Füßen.)
12. 37. (Um die nächste Zahl zu erhalten, verdoppeln Sie jedes Glied und ziehen davon 5 ab.)
13. 7. (Die Zahlen in der dritten Spalte sind die halbe Summe der Zahlen in den anderen beiden Spalten.)
14. 33. (Die Reihe fällt um 16, 8, 4, 2 bzw. 1.)
15. 3. (Man durchläuft das Quadrat im Uhrzeigersinn und multipliziert mit 3.)
16. 14. (Addieren Sie die Zahlen außerhalb der Klammern und dividieren Sie durch 50, dann erhalten Sie die innere Zahl.)
17. 6. (Die Zahlenfolge hat zwei alternierende Reihen; die eine fällt um 3, die andere um 2.)
18. 4. (Die Summe jeder Reihe ist 14.)
19. 18. (Jedes Glied verdoppeln und 10 davon abziehen ergibt das nächste Glied.)
20. 3. (Die Zahlen verringern sich um gleiche Schritte, 3 in der ersten Reihe, 2 in der zweiten und 3 in der dritten.)
21. 18. (Die Zahlen sind das Zweifache der Zahlen in den diametral gegenüberliegenden Sektoren.)
22. 232. (Subtrahieren Sie die linke von der rechten Seite und verdoppeln Sie das Ergebnis.)
23. 21. (Die Zahlen wachsen im Abstand von 2, 4, 6 und 8 an.)
24. 480. (Die Zahl in der Klammer ist zweimal das Produkt der Zahlen außerhalb der Klammern.)
25. 2. (Die dritte Spalte ist das Zweifache der Differenz zwischen der ersten und zweiten Spalte.)
26. 19. (Die Zahlenfolge enthält zwei Reihen, von denen die eine um 3, 4 und 5 Stufen ansteigt und die andere um 2 und 3 Stufen fällt.)

27. 3. (Subtrahieren Sie die Summe der zweiten und vierten Pfote von der Summe der ersten und dritten Pfote, dann erhalten Sie die Zahl an der Schwanzspitze.)

28. 77. (Die Zahl in Klammern ist die Hälfte des Produkts der Zahlen außerhalb der Klammern.)

29. 7. (Halbieren Sie jede Zahl und nehmen Sie zwei weg, dann ergibt sich das nächste Glied.)

30. 61. (Addieren Sie zweimal die Differenz zwischen den aufeinanderfolgenden Zahlen, dann ergibt sich die nächste. So ist also $5 - 1 = 4$; $2 \times 4 = 8$; $8 + 5 = 13$; usw.)

31. 11. (Verdoppeln Sie jede Zahl und addieren Sie eins, dann erhalten Sie die Zahl im gegenüberliegenden Sektor.)

32. 46. (Addieren Sie zu jeder Zahl eins und verdoppeln Sie dann, um die nächste Zahl zu bekommen.)

33. 24. (Die Reihe wächst um 3, 5, 7 und 9 an.)

34. 5. (Die Zahlenfolge enthält zwei alternierende Reihen. Die eine steigt jedesmal um 1 an, die andere jedesmal um 2.)

35. 518. (Die Zahl in der Klammer ist zweimal die Differenz zwischen den Zahlen außerhalb der Klammern.)

36. 3. (Subtrahieren Sie die Summe der Zahlen an den Beinen von der Summe der Zahlen an den Armen, dann ergibt sich die Zahl auf dem Kopf.)

37. 19. (Die Zahlenfolge enthält zwei alternierende Reihen; die eine steigt um 5 an, die andere um 4.)

38. 152. (Verdoppeln Sie jede Zahl und addieren Sie jeweils 2, 3, 4, 5 bzw. 6 im Uhrzeigersinn.)

39. 40. (Die Zahlen in der zweiten Spalte werden gebildet, wenn man die in der ersten Spalte nimmt, verdoppelt und 1 addiert; die in der dritten Spalte, wenn man die in der zweiten nimmt, verdoppelt und 2 addiert. So ergibt $2 \times 19 + 2 = 40$.)

40. $\frac{20}{26}$ (Die Zahlen im Zähler steigen um 3, 4, 5 und dann 6 Stufen an, wogegen die Zahlen im Nenner um 4, 5, 6 und 7 Stufen ansteigen.)

41. 66. (Verdoppeln Sie, im Uhrzeigersinn, jede vorausgehende Zahl und ziehen Sie 2 ab.)

42. 179. (Man erhält die einzelnen Zahlen durch Verdopplung der vorausgehenden, wobei jeweils 1, 3, 5, 7 und schließlich 9 addiert wird.)

43. 64. (Die Zahlen und ihre entsprechenden Quadrate liegen in gegenüberliegenden Sektoren.)

44. 111. (Die Zahl in Klammern ist die halbe Differenz der Zahlen außerhalb der Klammern.)

45. 297. (Der Unterschied wird jedesmal verdoppelt und abwechselnd zu den folgenden Zahlen addiert bzw. von ihnen subtrahiert.)

46. 6. (Es sind zwei alternierende Reihen enthalten. Ihre Glieder werden quadriert und eine Konstante 2 dazugezählt.

Die erste ist:	0	3	6	9,
quadriert:	0	9	36	81,
2 addiert:	2	11	38	83.
Die zweite ist:	5	4	3	und folglich 2,
quadriert:	25	16	9	und folglich 4,
2 addiert:	27	18	11	und folglich 6.)

47. 55 und 100. (Die gesuchte Zahl nach der Klammer ist das Quadrat der Zahl vor der Klammer. Die Zahl in der Klammer ist die halbe Summe der Zahlen außerhalb der Klammern.)

48. 91. (Die Differenz zwischen den Zahlen ergibt eine Zahlenreihe, die mit 12 beginnt und immer um 6 Schritte ansteigt, also 12, 18, 24, 30. Und 61 + 30 = 91.)

49. (Beginnen Sie

mit der Reihe:	0	2	4	6	und folglich 8,
mal 3:	0	6	12	18	und folglich 24,
zum Quadrat:	0	36	144	324	und folglich 576,
plus 5:	5	41	149	329	und folglich 581.)

50. 6. (Addieren Sie die Zahlen innerhalb der Ecken des Dreiecks und subtrahieren Sie davon die Zahlen außerhalb des Dreiecks; dann erhalten Sie die Zahl im Kreis.)

RÄUMLICH-VISUELLES VORSTELLUNGSVERMÖGEN

1. 4. (Alle anderen Figuren bleiben, wenn Sie sie um 180° drehen, gleich.)
2. 3. (Alle anderen Figuren werden durch Drehung deckungsgleich.)
3. 2. (Alle anderen Figuren werden durch Drehung deckungsgleich.)
4. 4. (Die Figur wird im Gegenuhrzeigersinn jedesmal um 90 Grad gedreht, außer Nummer 4, die sich im Uhrzeigersinn dreht.)
5. 1. (Alle anderen Figuren werden durch Drehung deckungsgleich.)
6. 4. (Die Figur wird im Gegenuhrzeigersinn jedesmal um 90 Grad gedreht, außer Nummer 4, die sich im Uhrzeigersinn dreht.)
7. 4. (Alle anderen Figuren werden durch Drehung deckungsgleich.)
8. 1. (Die Hauptfigur wird umgeklappt und der kleine Kreis auf die gegenüberliegende Seite verlegt.)
9. 4. (Alle anderen Figuren werden durch Drehung in der Zeichenebene deckungsgleich.)
10. 5. (Alle anderen Figuren werden durch Drehung deckungsgleich.)
11. 3. (Die anderen drei zeigen eine *rechte* Hand, die in verschiedene Positionen gedreht ist; 3 ist eine *linke* Hand.)
12. 3. (Die Figur dreht sich im Gegenuhrzeigersinn um die Hälfte einer viertel Umdrehung, aber das Schwarz wandert eine Position weiter, außer in Figur 3, die deshalb nicht dazugehört.)
13. 2. (Alle anderen Figuren werden durch Drehung deckungsgleich.)
14. 1. (Alle anderen Figuren werden durch Drehung deckungsgleich.)

15. 4. (Alle anderen Figuren werden durch Drehung deckungsgleich.)

16. 5. (Der ganze Satz von 4 Kreisen wird jedesmal um einen Winkel von 90 Grad gedreht. In allen Figuren haben das Kreuz und das X außerdem noch Platz getauscht; außer in 5, wo das Kreuz und das X nicht Platz tauschen.)

17. 3. (Alle anderen Figuren werden durch Drehung deckungsgleich.)

18. 5. (Alle anderen Figuren werden durch Drehung deckungsgleich.)

19. 2. (Alle anderen Figuren werden durch Drehung deckungsgleich.)

20. 6. (Alle anderen Figuren werden durch Drehung deckungsgleich.)

21. 5. (1 und 3, 2 und 4 sind Paare; sie werden durch eine viertel Umdrehung im Gegenuhrzeigersinn deckungsgleich. Figur 5 nicht, weil ihr Kreuz und ihr Kreis an der falschen Stelle wären.)

22. 1. (Alle anderen Figuren werden durch Drehung deckungsgleich.)

23. 4. (Die schwarzen, weißen und schraffierten Teile verändern ihre Lage im Gegenuhrzeigersinn; in 4 liegen der schraffierte und der weiße Teil falsch.)

24. 4. (Alle anderen Figuren werden durch Drehung deckungsgleich.)

25. 4. (Alle anderen Figuren werden durch Drehung deckungsgleich.)

26. 3. (1 und 4 sind ein Paar, ebenso 2 und 5. In jedem Paar tauschen der schwarze und der schraffierte Teil ihre Plätze. In 3 geht die Schraffierung in die falsche Richtung.)

27. 5. (Alle anderen Figuren werden durch Drehung deckungsgleich.)

28. 2. (Die Schattierung – Schraffierung oder schwarz – wird von den äußeren Figuren auf die innere Figur verlegt und umgekehrt; die Stellung – aufrecht oder horizontal – bleibt konstant.)

29. 3. (Alle anderen Figuren werden durch Drehung deckungsgleich.)
30. 3. (Alle anderen Figuren werden durch Drehung deckungsgleich.)
31. 3. (Die Hauptfigur dreht sich im Uhrzeigersinn, der Pfeil im Gegenuhrzeigersinn.)
32. 5. (Alle anderen Figuren werden durch Drehung deckungsgleich.)
33. 2 und 5. (Die anderen vier Figuren werden durch Drehung deckungsgleich; 2 und 5 nicht.)
34. 2. (Die Hauptfigur wird im Gegenuhrzeigersinn um 90 Grad zusammen mit den kleinen Seitenfiguren gedreht, die dann ausgetauscht werden; die oberen wandern also nach unten und die unteren nach oben.)
35. 1 und 2. (Alle anderen Figuren werden durch Drehung dekkungsgleich.)
36. 3. (Alle anderen Zeichnungen folgen der Regel, daß sich die ganze Zeichnung jedesmal um 90 Grad dreht; in Figur 3 geht die Schraffierung in die falsche Richtung.)
37. 3. (Die Hauptfigur wird um 180 Grad (die obere Seite nach unten) gedreht, die zwei weißen Streifen werden schwarz, und die drei schwarzen Streifen werden weiß, und die drei kleinen Figuren wandern im Gegenuhrzeigersinn um eine Position weiter.)
38. 2. (Was in der ersten Figur rund ist, wird quadratisch; was aufwärts zeigt, zeigt abwärts.)
39. 3 und 6. (Die anderen fünf Figuren werden durch Drehung deckungsgleich.)
40. 1, 3 und 6. (Die anderen vier werden durch Drehung dekkungsgleich.)
41. 2, 3 und 7. (Die anderen vier werden durch Drehung dekkungsgleich.)
42. 1 und 4. (Die anderen Figuren werden durch Drehung dekkungsgleich.)

43. 8. (Alle anderen Figuren werden durch Drehung deckungsgleich.)

44. 3. (Die Hauptfigur und die kleine Figur oben vertauschen ihre Form, die schraffierten Teile ihren Platz. Die Verzierungen rechts und links der Hauptfigur vertauschen die Plätze.)

45. 1, 6 und 7. (Die anderen fünf werden durch Drehung deckungsgleich.)

46. 7. (Alle anderen Figuren werden durch Drehung deckungsgleich.)

47. 2, 6 und 7. (Die anderen sechs Figuren werden durch Drehung deckungsgleich.)

48. 1, 6 und 8. (Alle anderen sechs Figuren werden durch Drehung deckungsgleich.)

49. 5, 6 und 8. (Die anderen sechs Figuren werden durch Drehung deckungsgleich.)

50. 6. (Alle anderen Figuren werden durch Drehung deckungsgleich.)

Denksport I für Superintelligente

1. 31 / 185 (Nehmen Sie die Zahlen 2, 3, 4, 5 und 6. Die obere Zahl in jedem Domino erhalten Sie, wenn Sie jede Zahl quadrieren und 1, 2, 3, 4 und 5 abziehen. Die untere Zahl erhalten Sie, wenn Sie die Zahlen 2, 3, 4, 5 und 6 kubieren und jeweils die obere Zahl subtrahieren.)

2. UEBERGEWICHT. (Setzen Sie für die Vokale Zahlen ein: A=1, E=2, I=3, O=4, U=5. Addieren Sie diese in jedem Wort; jedes Paar muß gleich sein.

Das gibt also: $2 + 3 + 2 + 3 + 3 = 13$

$5 + 1 + 2 + 1 + 2 + 2 = 13$

$5 + 4 + 2 + 3 = 14$

ebenso ergibt $5 + 2 + 2 + 2 + 3 = 14$

Die Summe der Vokale in den anderen Wörtern ergibt nicht 14.)

3. 238. (Dividieren Sie die Differenzen zwischen den aufeinanderfolgenden Zahlen durch 3 und addieren Sie dieses Ergebnis jeweils zu dem vorhergehenden Glied, um die nächste Zahl zu erhalten. Also 199 – 118 = 81; 81 : 3 = 27; 199 + 27 = 226 usw. Und schließlich: 235 – 226 = 9; 9 : 3 = 3; 235 + 3 = 238.)

4. 20. (Numerieren Sie das Alphabet durch und ersetzen Sie die Buchstaben der Wörter durch die entsprechenden Zahlen. Quadrieren Sie jede Zahl und zählen Sie die Quadrate zusammen. Das Ergebnis erhalten Sie durch Subtraktion dieser Summen.

also:	FEIG – DACH				
	(6597) – (4138)				
Quadrat	(36 + 25 + 81 + 49) – (16 + 1 + 9 + 64)				
Summe	191	–	90	= 101	usw.)

5. 72. (Es gibt hier zwei Reihen. Die eine gibt den Vokalen folgende Werte: A = 1, E = 2, I = 3, O = 4, U = 5. In der anderen werden die Buchstaben – außer den Vokalen – durch die Zahl ersetzt, die ihrer Stellung im Alphabet – einschließlich der Vokale – in umgekehrter Reihenfolge entspricht. Folglich ist B = 25, C = 24, bis Z = 1.)

6. NORNE. (Ersetzen Sie die Buchstaben durch Zahlen und nehmen Sie abwechselnd für A 1, für B 2 usw., und für Z 1, für Y 2 usw. Die Summe von LAUS ergibt 67, von ELFEN 62, von SKALP 67, und von den anderen Wörtern ergibt nur die Summe von NORNE 62.)

7. 25. (Nehmen Sie die erste Zahl, multiplizieren Sie sie mit 2 und subtrahieren Sie 4; multiplizieren Sie dann die zweite Zahl mit 3 und subtrahieren Sie 5; multiplizieren Sie dann die erhaltene dritte Zahl, nämlich 25, mit 4 und subtrahieren Sie 6 usw.)

8. 127. (Die Buchstaben des Alphabets werden einmal in alphabetischer Reihenfolge und einmal in umgekehrter Reihenfolge durchnumeriert, also einmal A = 1 bis Z = 26 und einmal Z = 1 bis A = 26. Zu beginnen ist mit der umgekehrten Reihenfolge, also G = 20, dann nimmt man die alphabetische Reihenfolge, also E = 5 usw., bis zur Summe 95.)

9. Q. (B ist der zweite Buchstabe des Alphabets. Multiplizieren Sie 2 mit 3 und subtrahieren Sie dann 3: das ergibt 3. C ist der dritte Buchstabe des Alphabets. Multiplizieren Sie 3 mit 3 und subtrahieren Sie 4: das ergibt 5. E ist der fünfte Buchstabe des Alphabets, usw.)

10. KLO. (A ist der erste Buchstabe des Alphabets, und Z ist der erste Buchstabe des Alphabets, rückwärts geschrieben. L ist der zwölfte Buchstabe im Alphabet, der zwölfte Buchstabe rückwärts im Alphabet ist O usw. Ebenso entsprechen sich alle anderen Buchstaben in den beiden Wortpaaren.)

11. 32. (Quadrieren Sie jeweils 0, 1, 2, 3, 4 und multiplizieren Sie jedesmal mit 2.
Also: $0^2 \times 2 = 0$
$1^2 \times 2 = 2$
$2^2 \times 2 = 8$
$3^2 \times 2 = 18$
$4^2 \times 2 = 32$)

12. 13. (Nehmen Sie EINIGKEIT UND RECHT UND FREIHEIT. Geben Sie jedem Buchstaben seine entsprechende Zahl im Alphabet, addieren Sie die Zahlen für jedes Wort und teilen Sie die Summe von jedem Wort durch die Anzahl seiner Buchstaben.

$$\text{EINIGKEIT} = \frac{5+9+14+9+7+11+5+9+20}{9} = \frac{89}{9} = 9^8/_9$$

$$\text{UND} = \frac{21+14+4}{3} = \frac{39}{3} = 13$$

usw.

13. 34. (*Leicht.* Jede Zahl wird durch Subtraktion der folgenden von der nächstfolgenden Zahl gebildet: $2 - 1 = 1$ usw. bis $34 - 21 = 13$, also ist die fehlende Zahl 34.
Schwierig. Das Quadrat jeder Zahl unterscheidet sich um 1 vom Produkt der Zahlen rechts und links von ihr: $1^2 = 1$; $2 \times 1 = 2$; $2^2 = 4$; $1 \times 3 = 3$; usw. bis $21^2 = 441$; $13 \times 34 = 442$.)

14. 157. (Geben Sie jedem Buchstaben seine entsprechende Zahl im Alphabet und multiplizieren Sie ihn mit der Zahl, die seine Stellung innerhalb des Worts anzeigt, also 1, 2, 3 oder 4.)

15. 98.

(Nehmen Sie die Reihe:	8	10	12	14	16
Quadrieren Sie jedes Glied:	64	100	144	196	256
Dividieren Sie es durch 2:	32	50	72	98	128
Subtrahieren Sie 30:	2	20	42	68	98.)

16. 140. (Hier gibt es zwei Reihen. Die eine ist A = 5, E = 4, I = 3, O = 2, U = 1; die andere entspricht den üblichen Zahlen, die die Buchstaben – außer den Vokalen – im Alphabet haben. Die beiden Reihen werden kombiniert und dann die Werte der Buchstaben addiert, also BELOHNT = 2 + 4 + 12 + 2 + 8 + 14 + 20 = 62.)

17. BEWUSSTLOS. (Für die Vokale ist A = 5, E = 4, I = 3, O = 2, U = 1 zu setzen. Addieren Sie die Zahlenwerte der Vokale in jedem Wort. Alle erreichen 11, außer in BEWUSSTLOS, wo sie 7 erreichen.)

18. 1. (Die Buchstaben stehen für folgende Zahlen: A = 4, B = 9, C = 1, D = 5, E = 2, F = 7, G = 8, H = 3, I = 6.)

19. WIEDERBELEBEN. (Nehmen Sie die fünf Vokale und setzen Sie A = 1, E = 2, I = 3, O = 4, U = 5. Addieren Sie die Werte der Vokale in den Wörtern, und Sie bekommen: 9 ist zu 9 wie 13 zu ? Nur WIEDERBELEBEN addiert sich zu 13.)

20. 52 28 364 403 228 67 147 28 199. (Geben Sie den Buchstaben des Alphabets die üblichen Zahlen, also A = 1 bis Z = 26. Der Satz heißt: FUCHS DU HAST DIE GANS GESTOHLEN. Die Zahlen der Buchstaben sind aber quadriert, und jedesmal wird 3 dazugezählt.

Also gibt FUCHS

$$= (6^2 + 3) \quad (21^2 + 3) \quad (3^2 + 3) \quad (8^2 + 3) \quad (19^2 + 3)$$
$$= (36 + 3) \quad (441 + 3) \quad (9 + 3) \quad (64 + 3) \quad (361 + 3)$$
$$= 39 \quad 444 \quad 12 \quad 67 \quad 364$$

Denksport II für Superintelligente

1. 343. (Multiplizieren Sie jede Zahl mit der vorangehenden und dividieren Sie sie durch 2.)
2. 39. (Setzen Sie für die Buchstaben Zahlenwerte ein, abwechslungsweise diejenigen des Alphabets vor- bzw. rückwärts.)
3. 88. (Multiplizieren Sie jede Zahl mit 3 und subtrahieren Sie 14, dann erhalten Sie die folgende Zahl. $3 \times 34 = 102$, $102 - 14 = 88$.)
4. 7. (Zählen Sie die Anzahl der Buchstaben im Wort und addieren Sie 1, um die richtige Zahl zu bekommen.)
5. EMIL. (Die Buchstaben in den männlichen Namen werden durch den entsprechenden Zahlenwert im Alphabet ersetzt, die in den weiblichen Namen durch den Zahlenwert des Alphabets in umgekehrter Reihenfolge (also Z = 1, Y = 2 usw.): EVA – ADAM = 34, INGE – EMIL = 34.)
6. LASZIVITAET. (Den Buchstaben werden die entsprechenden Zahlen im Alphabet gegeben, wobei abwechselnd das Alphabet vorwärts und dann rückwärts genommen wird. Bei ORANGENSAFT und PUMPERNICKEL lassen sich die Buchstaben zu 131 addieren, bei den anderen Wörtern ergibt nur LASZIVITAET auch 131.)
7. X. (Nehmen Sie für diese Buchstaben die entsprechenden Zahlen des Alphabets in umgekehrter Reihenfolge, also 22, 13, 8, 5. Jede Zahl wird von der vorhergehenden Zahl abgeleitet, indem jeweils 4, 3, 2 und 1 addiert, und dann diese Zahl halbiert wird: ($22 + 4 = 26$, $26 : 2 = 13$); ($5 + 1 = 6$, $6 : 2 = 3$). Der dritte Buchstabe des Alphabets in umgekehrter Reihenfolge ist X.)
8. 59. (Geben Sie den Buchstaben die entsprechende Zahl im Alphabet; addieren Sie jeden zweiten Buchstaben und fangen Sie beim ersten an.)
9. GUT. (Die beiden Konsonanten in den anderen Wörtern sind um die gleiche Anzahl von Buchstaben von dem Vokal in der Mitte entfernt; W ist also 8 Buchstaben nach O und G ist 8 Buchstaben davor.)

10. 20. (Geben Sie den Buchstaben entsprechende Zahlen: BAUM (8359) und LAUB (4358). LEER (4001) ist das erste minus das zweite Wort. 25 ist die Summe der Zahlen in BAUM, und 20 ist die Summe der Zahlen in LAUB.

11. 179. (Nehmen Sie eine Zahlenreihe, die mit 1 beginnt und bei der jedes Glied durch Multiplikation der vorhergehenden Zahl mit 3 gebildet wird, also 1,3,9,27,81 usw. Nehmen Sie noch eine Reihe, die mit 2 beginnt und durch Multiplikation mit 2 gebildet wird, also 2, 4, 8, 16, 32 usw. Subtrahieren Sie die Glieder der letzteren Reihe von denen der ersteren und Sie erhalten die hier angegebene Reihe. Folglich ergibt 243 − 64 = 179.)

12. CHLOR. (Die Anzahl der Buchstaben im Alphabet zwischen dem ersten und letzten Buchstaben von jedem Wort ist zweimal die Anzahl der Buchstaben zwischen dem ersten und letzten Buchstaben im Wort plus 1. Z. B. sind in DENKEN vier Buchstaben zwischen D und N. 2 mal 4 plus 1 ist 9, und im Alphabet sind auch neun Buchstaben zwischen D und N, nämlich EFGHIJKLM. CHLOR paßt hier nicht dazu.)

13. PASTETE. (Ersetzen Sie in jedem Wort die Buchstaben durch Zahlen und zählen Sie dabei abwechslungsweise vom Anfang oder vom Ende des Alphabets. Nur PASTETE vervollständigt die Gleichung richtig.)

14. 0. (Die zweite Zahl in jeder Reihe erhält man, wenn man die erste Zahl in die dritte Potenz erhebt und die erste Zahl davon abzieht, also $3^3 = 27, 27 - 3 = 24$. Die dritte Zahl erhält man, wenn man die zweite Zahl durch 12 teilt und dann quadriert.)

15. HUT. (In allen anderen Wörtern stehen die Konsonanten im Alphabet nebeneinander: M und L, J und K, L und K, M und N.)

16. X. (Die Buchstaben werden mit bestimmten Zahlen gleichgesetzt: Z = 1, X = 2, V = 3, T = 4, R = 5, P = 6, N = 7, L = 8 und J = 9. Die Buchstaben fangen von hinten im Alphabet an und überspringen jedesmal einen Buchstaben.)

17. 23. (Geben Sie jedem Buchstaben die entsprechende Zahl im Alphabet, abwechslungsweise in der normalen und der umgekehrten Reihenfolge, und bilden Sie für jedes Wort die Summe.)

18. 441. (Multiplizieren Sie jede Zahl mit der letzten Stelle dieser Zahl, und Sie erhalten das nächste Glied.)

19. 4/3. (Multiplizieren Sie zwei aufeinanderfolgende Zahlen und dividieren Sie jeweils durch 1, 2, 3 oder 4, um das nächste Glied zu erhalten.

$$\left(\frac{4/3 \times 3}{1}\right) \left(\frac{3 \times 4}{2}\right) \left(\frac{4 \times 6}{3}\right) \left(\frac{6 \times 8}{4}\right)$$

20. 1. (Geben Sie den Vokalen die folgenden Werte: A = 0, E = 1, I = 2, O = 3, U = 4. Wenn man sie in jedem Wort addiert, erhält man die Anzahl der Kinder. WALTRAUD = 0 + 0 + 4 = 4; HORST = 3 usw.)

Wie die Punktzahlen (Test-Rohwerte) in IQ's umzurechnen sind

Um Ihren IQ zu finden, müssen Sie Ihre Punktzahl auf der Horizontalen des entsprechenden Diagramms auf den nächsten drei Seiten eintragen. Ziehen Sie eine senkrechte Linie bis zum Schnittpunkt mit der Diagonalen, dann ergibt der Punkt auf der Vertikalen, der diesem Schnittpunkt entspricht, Ihren IQ. Die Punktzahlen sind sehr genau zwischen IQ's von 100 und 130; jenseits dieser Grenzen sollte man ihnen nicht zu sehr trauen.

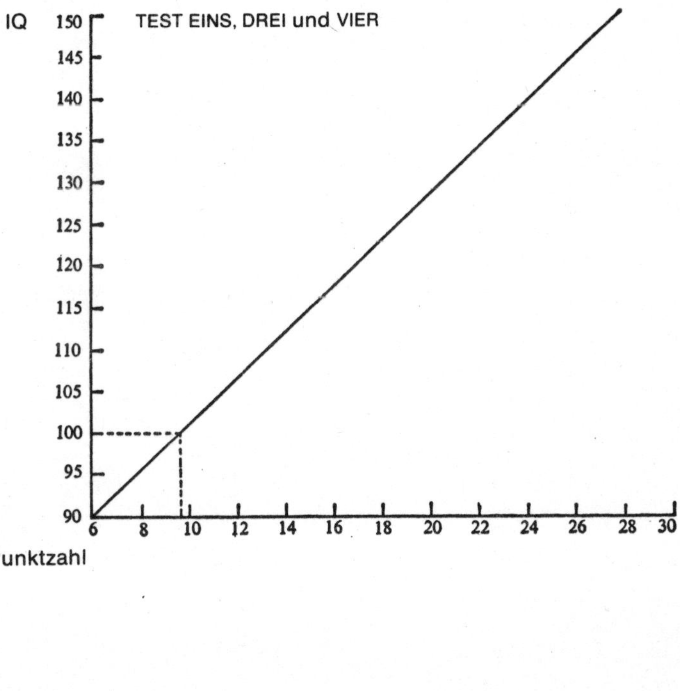

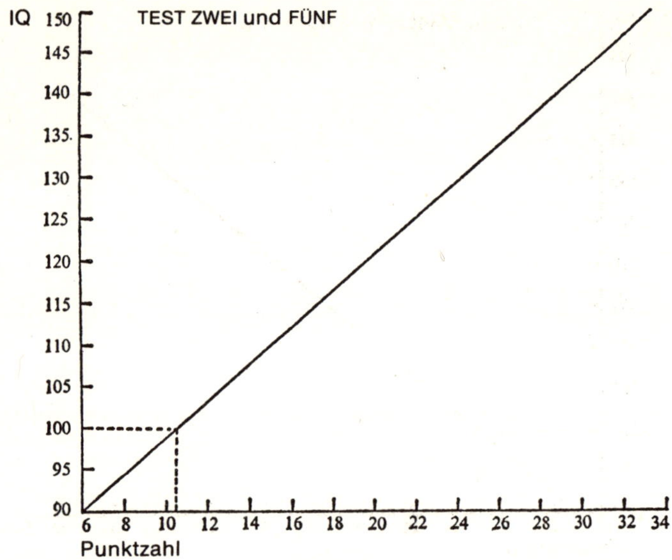
IQ
TEST ZWEI und FÜNF
150
145
140
135
130
125
120
115
110
105
100
95
90
6
8
10
12
14
16
18
20
22
24
26
28
30
32
34
Punktzahl

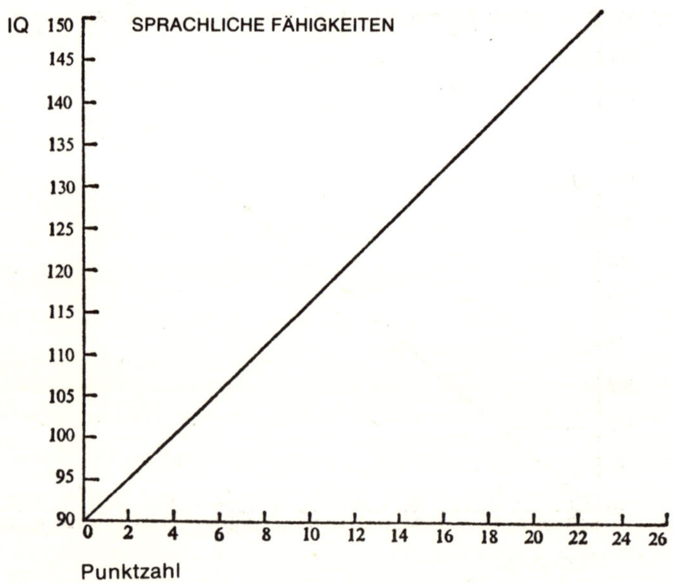
IQ
SPRACHLICHE FÄHIGKEITEN
150
145
140
135
130
125
120
115
110
105
100
95
90
0
2
4
6
8
10
12
14
16
18
20
22
24
26
Punktzahl

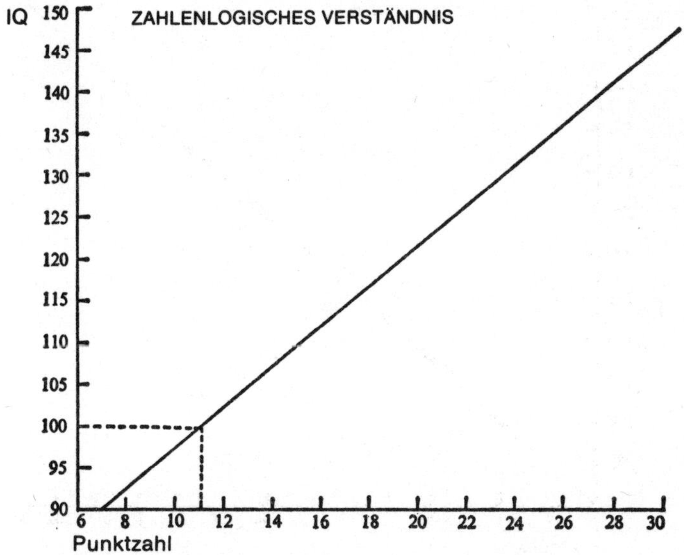
IQ
ZAHLENLOGISCHES VERSTÄNDNIS
150
145
140
135
130
125
120
115
110
105
100
95
90
6 8 10 12 14 16 18 20 22 24 26 28 30
Punktzahl

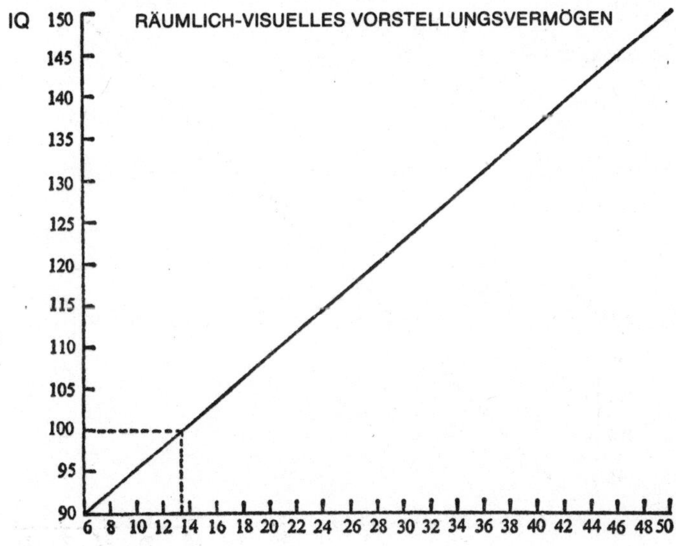
IQ
RÄUMLICH-VISUELLES VORSTELLUNGSVERMÖGEN
150
145
140
135
130
125
120
115
110
105
100
95
90
6 8 10 12 14 16 18 20 22 24 26 28 30 32 34 36 38 40 42 44 46 48 50
Punktzahl